JN071676

親子で楽しむ手づくりおもちゃ

シュタイナー幼稚園の教材集より

フライヤ・ヤフケ●高橋弘子訳

JAFFKE / SPIELZEUG von Eltern selbstgemacht

本書はロイトリンゲン自由ゲオルゲン学校付属幼稚園，父母講習会の作業をもとに，フライヤ・ヤフケにより編集された。
本文のスケッチはクリスティーネ・レッシュによる。

FREYA JAFFKE

SPIELZEUG von Eltern selbstgemacht

14. neubearbeitete und erweiterte Auflage 1985

This book is published in Japan by arrangement with Verlag Freies Geistesleben GmbH through Rudolf Steiner Forschungsinstitut, Kamakura, Japan.

ヤフケ／親子で楽しむ手づくりおもちゃ

●目　次

装丁・カバー絵　清重伸之

まえがき

　このささやかな本ははじめ，1971年に同じタイトルのもとに出版されました。今回，改訂版を出すにあたって，その内容を大幅に書き改め，また掘り下げるように努めました。新たに付け加わった章のいくつか，たとえば“おもちゃの真の意味”についての幾章かは，お父さん，お母さん，そのほかの人々が子どもにおもちゃをプレゼントする時，それがどんなに重大な責任を伴うものであるかを繰り返し思い出していただきたく，書き足しました。

　ここにご紹介する簡素なおもちゃを使って，子どもたちは実にさまざまな遊びを繰り広げます。この本は，大人たちが一人ひとりの子どもにふさわしいおもちゃを選び，材料を仕入れ，そしておもちゃをつくりあげるための一助となることでしょう。

　お父さんやお母さんが子どもの見ている前でおもちゃをつくっていると，子どもとおもちゃのあいだにまったく新しい結びつきが育ちます。それだけではありません。子どもはそのおもちゃを“製作する人”に対しても，まったく特別の関係を感じることができます。このような体験は子どもにとって，ひとつの“世界との出会い”です。子どもは周囲の人々を通して世界と出会います。この出会いは子どもの遊びに生きいきとした翼を与えてくれます。そして子どもは無意識の，けれども心の深みから湧き起こる感謝で，それに答えるのです。

　そんな思いを込めたこの小さな本が，多くのお父さん，お母さんのご家庭に届きますように。

1985年　春　　フライヤ・ヤフケ

第14版のために

この本の初版は，著者フライヤ・ヤフケ女史の幼稚園の熱心なお父さん，お母さんがたの手によってまとめられました。ヤフケ先生のようなシュタイナー幼稚園の先生は，自分の行いや振る舞い，さらには子どもたちへの愛のあり方までを徹底して考え抜き，それを一つひとつの実際的な手仕事のなかに生かそうとしています。そのような人物が与えてくれる数多くのアドヴァイスの意味を，そのご両親たちは身をもって理解したのです。

版が重なるごとにこの本は教育者，父兄のあいだに，また子どもの遊びの真剣さを理解し，子どもという存在にもっと生きいきとかかわろうと努力している数多くの大人たちのあいだに普及していきました。

シュタイナー幼稚園世界連盟が編集した『シュタイナー幼稚園の実践』シリーズの第１冊目であるこの本が，こんなにも多くの人々に受け入れられたのはなぜでしょうか。それはこの本のなかに，創造的な実践の成果が込められているからだと思われます。“創造的”と申しますのは，この実践が子どもについての著者の深い叡智に基づいているからです。子どもは成長する存在であり，遊びにもその発達に応じた段階があるということ，そして一人ひとりの子どものなかには，子どもを行為へと促すファンタジーが働いているということをヤフケ女史はつねに念頭に置いておられます。また，それが“実践”であると申しますのは，ここには著者自身が実際に試み，その良さを認めたこと以外は何ひとつ書かれていないからです。この本には，実際におもちゃをつくり，子どもとかかわるための“お手本”があるだけでなく，その背景の“理解”も述べられています。それは読者のなかに，子どもに対する真の関心を呼び起こしてくれることでしょう。

今日の子どもと両親は，以前に増して大きな苦しみを抱えています。お父さん，お母さんと子どもの結びつきのなかには，暖かい愛の働きがもはや見られなくなりつつあります。小さい子どもをかわいがるだけのエゴイスティックな愛情は，子どもが最初の反抗期を迎えたとたんに尽きてしまいます。子どもをかわいがるだけの愛情は，わが子に対するいらだちといがみ合いに一変します。そのような大人は，どのようにして子どもとかかわっていけばよいのかわからず，やがて絶望してこんな問いを発します。「どうしたら，自分の子どもをほんとうに愛せるようになるのか？」「子どもに対して生きいきとした関係を築きあげるには，どうしたらよいのか？」

シュタイナー幼稚園の先生はこのように答えます。「あなた自身が子どものかたわらで仕事をすることによって，子どもが自分の世界で自主的に遊ぶように導いてあげなさい。あなた自身の行い，あなたが熱中してかかわっている仕事が，子どものなかの遊びの喜びを，ファンタジーを，善なるものを志向する活動への欲求を，目覚めさせるのです。ひとつの客観的な行為が，あなたと子どものあいだに新しい関係をつくりあげます。新たな関心が生まれます。そのようにしてととのえられた土壌から，相手を自由にする，個的な愛が育つのです。」

家族の一員として，あるいは幼稚園の園児として私たちに委ねられる子どもはみな，ひとつの“人間の個性”という謎を運んできます。私たちがこの謎を解こうと努力する時，ルドルフ・シュタイナーの人間学や霊魂の肉体への“受肉”の過程についての教えは，大きな手がかりとなります。この本では，シュタイナーの人間学から汲み取ることのできる叡智と，実際的，具体的な仕事の手引きとがひとつに編みあわさっています。子どもは成長するにつれて，理解するより先にやってみようとする状態から，計画的で意識的な行為へと発達していきます。私たちはこの発達の過程をともに歩むことを学ばねばなりません。しかも，洞察から自分の行為を導き出す大人として。その時，私たちは，自分の“お仕事”である遊びに帰依する子どもが，1月ごと，1年ごとに，自分の環境，自分の肉体，自分の時代のなかに入り込み，自分の運命を生命に刻印づけていくのを体験します。

著者のその後の経験を盛り込んだこの改訂版によって，子どもと教育者がいっしょに喜ばしいお仕事，感謝と愛を呼び起こす活動を見出すことができるように願ってやみません。

1985年　復活祭

ヘルムート・フォン・キューゲルゲン

遊びはプロセス

遊びとは，そもそも何なのでしょうか。そして一つひとつのおもちゃには，どんな意味が伴っているのでしょうか。このような問いに答えることは，最近ますますむずかしくなってきているようです。遊びはとかく，単に何かをして暇をつぶすことと取り違えられてしまいます。子どもたちが何かをしていてくれれば，大人は満足します。けれども，その時子どものなかにどんな力が湧き起こって活動の源となっているのか，ということを考える大人はあまりにも少ないのです。

そこで，この問題についての基本的な考え方を，いくつかの例をあげながら，お話ししておこうと思います。そうすれば読者の皆さんにも，子どもを自分の目で観察することの喜びを感じ取っていただけることでしょう。そして，子どもについてこんな違った見方もあるのだ，ということをわかっていただけるのではないかと思います。

遊んでいる子どもたちを前にする時，私たちはこんなことに気づきます。子どもはひとりで遊ぶことも，何人かで仲間になって遊ぶこともあります。けれども，ほんとうに遊んでいる時には，子どもたちはいつも日常生活の何らかの場面を演じているのです。そのさい，子どもたちにとっていちばん重要なのが大人の様子です。子どもたちは大人を見つめます。家のなかで，路上で，おみせで，ほかの人々とのおつきあいのなかで，大人が生活をいとなむ様子を，子どもはいっしょになって体験しています。また，大人が家族を養い，家事をきりもりし，複雑な機械を悠々と使いこなすところも，子どもは見ています。このような体験がすべて，子どものなかに活動への意欲を呼び起こします。それを私たちは“遊び”と呼ぶのです。そして，その遊びが多少の努力を要するものであれば，それをやり終えた子どもたちは最高の満足を覚えます。

5～6歳の男の子たちがちょっと変わった自動車が欲しくなったとします。たとえば救急車などです。しかも，それは自分たちが実際に乗り込めるものでなければなりません。そうなると，この男の子たちは，たくさんのファンタジーがあるだけでは間に合いません。器用に，根気よく，意志の力を働かせて，遊びにとりかかるのです。

救急車づくりの作業には，複雑な道具は必要ありません。机や木製のスタンド（26ページ），背もたれのある椅子，背もたれのない椅子（スツール），場合によっては，きれいにカンナのかかった木の板，そういったものを子どもたちは運んできます。それを並べたり，積み上げたりするのです。さらに，そのうえに布（31ページ）をかけておおいます。布を留め合わせるのには，洗濯バサミがいちばん便利です。木の枝を樹皮をそのまま残して丸く切っただけの積み木（39ページ）は車のバンパー，ヘッドライトや排気口，ギアの変速装置やブレーキになります。木の幹を輪切りにした丸い板は前輪に，樹皮の切れはしは器用に取り付けられてバックミラーになります。毛糸を編み合わせた飾りひも（34ページ）はシートベルトに，毛糸のバンド（33ページ）は小さく巻いて尾灯やブレーキ灯になります。そして，ひとりがてっぺんにすわって腕をぐるぐる回しますと，それが救急車のサイレンと点滅灯になります。

このような遊びは，子どもたちが心のなかで特殊な自動車のイメージを思い描き，それをつくろうとする衝動をもつところから始まります。はじめは，このイメージと衝動のほかはなにもないのです。そしてほかの子どもたちといっしょに，いろいろなものを並べたり，積み上げたりして自動車をつくり始めますと，さらにアイディアが浮かんできます。救急車の外側の形がととのい，車内の“装置”ができあがります。手直しもなされます。ひとつのアイディアが具体的な形をとるたびに，子どもたちのなかに深い満足感が生じます。たとえば，子どもたちは“本格的な”バックミラーを彼らの救急車にそなえつけました。この点で，私たちはある大切な問題に突きあたります。いったい，この樹皮の切れはしをバックミラーとならしめているのは何なのでしょうか。それは子どものファンタジーにほかなりません。子どもたちのファンタジーがそう望んでいるかぎり，この樹皮の切れはしはバックミラーなのです。ほかの子どもたちのところでは，同じような樹皮の切れはしが電話の受話器になったり，スケート靴や，小さな船になることでしょう。

何も知らない人はそれを見て，こんな問いをもたれるかもしれません。そもそも“おもちゃ”をつくるのに毎回こんなに時間がかかるのでは，子どもたちはいったいいつ実際に遊びにとりかかることができるのかしら，と。そのような人は，子どもたちがせっかくつくったおもちゃを，ちょっと使っただけですぐに壊してしまうのを見て，びっくりなさることでしょう。子どもたちは，おもちゃができあがる寸前に取り壊してしまうこともあります。そして，おもちゃの形を変えてみたり，別の場所に新しくつくり始めたりするのです。

“遊び”とはまさにひとつのプロセスであって，完成した品物を使うことだけをいうのではありません。

人間は生成する存在です。そして，幼児はまったく特別の生成，発達を遂げています。幼児は環境のなかにも，生成するものを求めています。つくり変え，新たに創造する可能性を必要としているのです。すでに仕上がっているもの，完成しているものは，子どもたちを活気づけ，力づけ，満たされた気持ちにしてくれることはありません。このことは，とりわけ一つひとつのおもちゃについて言えます。おもちゃは本来，ちょっとした特徴をそなえていればよいのです。そのちょっとした特徴によって，子どものファンタジーはこれまでの生活経験のなかから，その都度ちがうものを思い起こします。

たとえば，先が細かく枝分れして広がっている，大きな木の枝があります。それを布でおおえば，人形劇の背景の山に変わります。枝の半分だけを布でおおえば，小人のほら穴，人形の部屋，あるいは馬小屋になります。

ある男の子は，そのような大きな枝を頭にのせて鹿になり，おごそかな足取りで部屋のなかを歩いていました。別の子どもははじめ，その枝を鎌にして草を刈っていましたが，次にはそれをラッパにして，ほかの子どもたちが始めた演奏会に加わりました。それから，手ごろな丸太をたてに半分に割っただけの積み木があります。丸太の背には小さなこぶや短い枝がついています。これは機関車になり，ガソリンスタンドの給油器になり，ラジオやアイロンにもなります。あるいは，お人形の遊び場の滑り台にまでなります。

すべてのおもちゃが，このような見事な変身を遂げるわけではありません。もちろん，もっと形がはっきりしているおもちゃを子どもたちに与えることはあります。明らかに人間や動物，橋や自動車と見分けのつくおもちゃもあります。しかし，そういうおもちゃが子ども部屋にあるものの過半数を占めるべきではありません。先に申し上げたような“遊び”を支え，促すために，最大の注意を払っておもちゃの素材をととのえる時，私たちは子どものなかに働いている力に養分を与えるのです。この力は幼児を遊びへと駆り立てます。そして，まさに遊びを通して，この力は鍛えられるのです。子どもが小学校に上がってからは，それは学習や他の仕事に取り組むための潜在的な能力となります。

遊びのなかで子どもは，自由な仕方でいろいろなことを試みています。そして活動を通して，“世界”と出会っているのです。けれども，この出会いは知性を介するだけのものではありません。子どもはずっと深く，生命の働きの奥底にいたるまで，自分を世界と結びつけることができます。それができた時，内的な信頼と安心が得られます。

大人にとって，そのような子どものファンタジーの世界に思いを馳せ，そこに働いている力を理解することは容易ではありません。大人にとっては，精巧なミニチュアや模造品，戯画的にデフォルメされた人形やおもちゃの動物のほうが魅力的なのです。そして，つい，そのような自分の好みや趣味による楽しみを，子どもたちと共有しようとしてしまいます。けれども，ドイツの詩人ジャン・パウルの言葉を借りるならば,「享楽は子どもたちに楽園をもたらしはしない。そこには，何も残らない。遊びは活動であり，楽しみの享受ではない。遊びは子どもを朗らかにする。おもちゃは，はじめその外観を通して楽しみを与えるが，実際に使われた時に，朗らかな気分をもたらす。朗らかで祝福された気分を生み出し，それを維持するのは，活動だけである。そして，子どもたちの遊びは，軽やかな翼をまとった真剣な活動の現われにほかならない。」

遊びは真剣なお仕事

子どもの遊びは，けっして面白半分の行いではありません。それはとても真剣な活動なのです。今日，私たちのまわりの多くの子どもたちについてそれが当てはまらないとすれば，その原因は子どもたち自身にではなく，むしろ子どもたちのあまりにも貧しい生活環境にあります。多くの場合，大人の態度や，与えられるおもちゃのせいで，子どもはひたむきな遊びの能力を失ってしまいます。この問題を解決するためには，教育上のいくつかの条件を顧慮する必要があります。

幼児の身近にいる人は，自分のあらゆる行いが子どもたちの意志の働きに深い影響を及ぼすということを，けっして忘れてはなりません。幼児にとって，大人がどのように働き，どのように振る舞うか，ということは大きな意味をもっています。子どもの周囲では，大人たちが働き，生活しています。そこでの体験や経験を子どもはすべて自分のなかに深く受け入れ，意志のなかに取り込みます。そして，それを模倣の行為のなかに再現します。そのようにして，目的に縛られない，自由な遊びが形成されます。ですから，子どものそばにいる大人が，そのような遊びへの衝動を目覚めさせるような仕方で働いていることが肝要なのです。お母さんは，野菜のいたんだところを取り除いたり，洗濯物を繕ったり，部屋を片づけたり，アイロン台の前に腰掛けている時のほうが，手紙を書いている時よりも，はるかに子どもを遊びへと促しているのです。同じく，お父さんも，薪を割ったり，車を洗っている時のほうが，決算書を作成したり，新聞を読んでいる時よりも，子どもに良い影響を及ぼしています。

子どもは模倣を通して学ぶという事実を考えるなら，子どものそばにいる大人は模倣されるにふさわしい振る舞いをすべきだ，という結論にいたります。このことをしっかりと心得た人は，次第に子どもを説明や命令によってではなく，模倣させることを通して導くようになるでしょう。説明や命令は子どもの知性に訴えるものですが，知性はあとになってゆっくりと発達するべきなのです。大人はあまりにも気安く子どもに教訓をたれようとします。大人のすでに発達した意識には，知的なお説教や命令のほうが適していますし，多くの自制心を働かせて子どものお手本となるよりも，ずっとやさしく思われるのです。

遊びと仕事

大人の目には，子どもの“遊び”とわれわれの“仕事”とは，まるで正反対のもののように見えます。けれども，人間の発達の法則を踏まえてこの二つの活動の在り方をくわしく見てみますと，そこには直接の関連性があることがわかります。遊びは，子どもの発達とともに大人の“仕事”へと変容を遂げるのです。

遊んでいる子どもの姿には，その子のずっと後の人生へのかかわり方が現われています。「ゆっくりと遊ぶ子どもは，20代になってからも，すべてにゆっくりとしています。そして人生のさまざまな経験にさいして，ゆっくりと考えるようになるでしょう。また，表面的な遊び方しかできない子どもは，あとになっても表面的な人間に

なるでしょう。」（ルドルフ・シュタイナー，1920年６月14日『教員会議』より）

「観察能力を有する人は，子どもが遊びを通じて発達させる特定の傾向のなかに，その子の後の魂の性質や性格を予見することができます。その人間がどの方向で活躍するようになるかを，私たちは子どもの遊び方のなかに読み取ることができます。」（ルドルフ・シュタイナー，全集303号『身体の健全な発達・・・』第７講義より）

真剣に遊ぶ子どもは，大人になってからもその同じ真剣さをもって自分の仕事に取り組みます。子どもの遊びと大人の仕事の違いは，一つしかありません。それは，大人の仕事は世間の対外的な目的に応じたものでなければならないけれども，子どもの活動は内面のファンタジーから湧き起こる衝動に基づいている，ということです。子どもの遊びには目的がありませんから，他の人や事柄に対して責任を取る必要はありません。

子どもの内部から湧き起こる衝動には，いつも喜びが結びついています。そして，そのような衝動が遊びとして形をとると，深い満足感が生じます。子どもはその満足感をいつも言葉に表わすとはかぎりません。けれども，子どもの調和のとれた振る舞い，熱意，赤く染まった頬，輝かしい面持ちを見れば，それは明らかです。

子どもは思う存分騒ぐべきだ，それが遊びだ，と考える人がいるとしたら，それは大きな間違いです。騒いだり，暴れたりすることは，そもそも人間にふさわしい状態ではありません。そして，それは子どもの遊び方としても，けっして正しいとはいえないのです。子どもを内的に駆り立てる創造的な力と，周囲の環境からの働きかけとのあいだに均衡がとれた時，本来の遊びが現われてきます。ところが，騒いでいる子どもを見ていますと，子どもの魂が極端に外へ外へと駆り立てられているのがわかります。そうなると，大人の言葉も子どもの耳に届きません。そして，大人の助けなしには，容易に落ち着いた遊びに戻ることができません。遊んでいる子どもの一つひとつの動作は，内的な必然性に即したものです。その意味のある動きを，騒いだり，暴れたりすることと取り違えてはなりません。

次に，年齢によって異なる子どもの遊び方を見ていくことにしましょう。注意して観察しますと，遊びには三つのはっきりした段階があることがわかります。

遊びの発達段階

3歳までの第１成長期

遊びの第１成長期において，幼児はまず自分自身のからだを自分のものにしなければなりません。そのさい，模倣，習慣，無意識的な繰り返しが大きな役割を果たします。幼児は驚くほどの忍耐力で，飽きることなくひたすら立ち上がろうとし，失敗してもがっかりすることはありません。外部からの強制もなしに，ただ自分のまわりにいる大人を模倣することによって，立ち上がり，前へ進むという目標を追ってゆきます。そして，それによって空間の広がりに対して，まったく新しい関係を獲得します。それから言葉を覚え，話すことともに考えるための基礎を身に付けます。自分自身のからだを自由に動かし，手の届く範囲のものをつかめるようになると，今度は家のなかをお母さんについてまわるようになります。ここで幼児は模倣による学習の次の段階に達します。これまでの成長は幼児一般に共通したものでした。これからは何につけても，その子の個人的な色合いがますます出てきます。そして，特定の大人たちへの個人的な結び付きが，運命的な意味をもち始めます。

幼児は大人の行動を意識的にではなく，“愛をこめて”理解します。はじめは何の意味もないような，単なる模倣行為に終始します。お母さんがするように部屋を通り抜け，お母さんが片付けたばかりのものを手に取り，それを別の場所に置きます。お母さんがカゴにいっぱいじゃが芋を入れておけば，子どもは自分のカゴや手押し車に，積み木をいっぱい入れます。でも，一度いっぱいにしただけではもの足りないのでしょう。子どもはカゴをせっせと何度も空にします。幼児に行動の意味が理解できていないことも明らかです。だから，お母さんが部屋の隅や戸棚の下にかがみこんで掃除するのをみても，ほうきや雑巾を手にしながら，ほこりをふき取ろうとしないのです。

昼間ひとりで，あるいはほかの兄弟といっしょに遊ぶ時，幼児は好んで積み木で塔をつくります。ついには高くなりすぎて塔が倒れてしまうまで，飽きずに積み木を重ねてゆきます。または砂場で小さなバケツに砂を入れては，ふたたびそれを空っぽにします。そして，うれしそうに砂を自分の脚にかけたり，指のあいだからさらさらとこぼします。プールのなかでも，同じようなことをします。2～3歳の幼児が年長の兄弟とお母さんごっこをしているところを見ると，その子にはもう少し先の段階の遊びが理解できていないことがわかります。つまり，大人の行動を“ごっこ遊び”として再現するということがわからないのです。だから，場合によっては幼児はサラダのつもりの草や，プディングのつもりの砂をほんとうに口に入れてしまうのです。

以上のわずかな例をみても，幼児がどれほど自分の行為を，努力と，真剣さと，熱意をもって成し遂げているかがわかります。そのことが感動と喜びにつながるのです。そして幼児が模倣を通して一歩一歩学んでゆくこともわかります。2～3歳の頃に模倣によって学ぶことができず，たえず知性に訴える教育を受けたり，厳しい訓練によってしつけを教え込まれた子どもたちは，4歳になる頃には，自分から進んで遊ぶことがなくなります。そして，他の遊び友達との触れ合いもなかなかもてず，青白い顔色になってゆきます。

3歳から5歳までの第2成長期

この第2成長期（この時期は“ファンタジーの時代”とも呼ばれます）において，子どもにまったく新しい能力が現われてきます。これまで立つこと，話すこと，そして初歩的な思考に使われてきた集中力は，新しい活動分野を見出します。まず例をいくつかあげましょう。

4歳の子どもが，お母さんが洗濯をしているところを見ています。その子は空のカゴをもってきて，その底にどんぐりと栗を入れ（洗剤として），何枚かの布を取ってきて“洗濯”します。しばらくすると，その子はどんぐりと栗を1枚の布に集め，それを袋にして肩に担ぎます。背中をかがめ，重い足取りでお母さんのところへいって，石炭はいりませんかとたずねます。どんぐりと栗をあけて，布をカゴのうえにゆったりと広げます。“浴槽”ができあがったのです。お人形がお風呂にはいると，栗がひとつ石鹸になります。それから浴槽の布はバスタオルになり，どんぐりが哺乳瓶になります。

もう一人の4歳児は，暖炉用の薪のなかに，長いので半分に割られた太い枝を見つけました。それはアイロンにぴったりでした。短くて丸いもう一つの枝は，霧吹きです。別の丸い枝をさらに加えると，霧吹きとアイロンから道路舗装の蒸気ローラーができあがります。アイロンをかけた布は道路になります。しばらくすると，このローラーは逆さにひっくり返って，航海士と船長のいる船に変わります。その船が中心になって，そのまわりに船着き場と港が現われます。

以上の例からだけでも，この年頃の特徴がはっきりとうかがわれます。すぐに気づくのは，何の変哲もないものを，自分の身のまわりにある何かに変えてしまう能力でしょう。たとえば，薪がアイロンになり，栗が石鹸になってしまいます。子どもの活動，つまり遊びは，日常体験することの模倣です。それも何の目的にも規定されない活動なのです。この活動はたえず変化します。そして子どもはそのような遊びを通して，いつも新しいものを発見してゆくのです。ここで大切なのは，集中力の散漫な，単なる“お遊び”ではありません。子どもの創造性，すなわち創造的なファンタジーが強く関与していなければなりません。

5歳から7歳までの第3成長期

遊びの3番目の段階は，活動への促しがこれまでのように外から来るのではなく，だんだんと子ども自身のなかから出てくる，というところに特徴があります。たしかに，遊びはまだ大人の世界とかかわっていますが，子どもは遊びに向かう前に，あるイメージをもちます。そして，これをしよう，と考えるのです。

たとえば，5歳半から6歳の子どもたちが集まって，“おままごと”をしようということになります。すると，だれがどの役割を受け持つかが，しっかりと話し合われます。“お母さん”が食卓をととのえようとすると，手もとにある木のお皿に加えて，カップと受皿，コーヒーとミルクポットが必要だということに気づきます。薄い木の円板と，小さな木の枝が入ったカゴのなかに，探していたものを見つけます。食事の最中に，とつぜん新しい計画が思い浮かびます。この家をお医者さんの診療所にしようというのです。この子たちの場合，明らかにお医者さんの診療所のはっきりとした思い出があるようです。家具を動かし，診察室と待合室ができあがると，もっと細かいところが問題になります。たとえば，注射，聴診器，包帯，薬の瓶などは，単純な棒や布やバンドでつくられます。“病人”は注意深くベッドに寝かされ，待合室には布で折った“グラビア誌”が用意されます。

5歳半から6歳までのもう一つのグループは，木の枝や樹皮，モミのかさ（大きな松ぼっくり），小石，素朴な木彫りの動物や人形を使って，床のうえに農家を建てます。そこには，馬小屋，井戸，牧草地，畑があります。どの部屋も気持ちよくととのえられています。動物の世話も，十分にいきとどいています。羊飼いは羊を連れて牧草地へ出てゆきます。子どもたちはさらに何日もかけて，この農家に手を加えます。こちらを補充しては，あちらを建て直します。子どもたちの内から現われてくる，生き生きとしたイメージは最初にできあがったものともはや一致しなくなっているのです。

遊びの第2成長期に子どもをたえず新しい活動へ駆り立てた，あふれんばかりのファンタジーが，ここではイメージや考えに貫かれ，ますます目的をもった行為のなかに現われてきます。たとえば，子どもたちは好んでお話をつくり，それを人形を使ったり，自分が布にくるまったりして，ほかの子どもたちの前で演じて見せます。また，このファンタジーは蜜ろう（蜂蜜をつくる時にできるろう，巻末の「材料の購入先」参照）や粘土による彫塑，簡単な手仕事，水彩やクレヨンのお絵描きのなかに，特に現われてきます。

遊びの三つの発達段階をまとめて，次のように言うことができるでしょう。子どもは7歳くらいまではたえず新しい仕方で，活発な遊びを通して世界を自分のものにしてゆきます。この活発な行為が子どもに，さまざまな気分，感覚印象，ものごとの意味関連を，さらにはイメージや経験，そして洞察をもたらしてくれます。すべての子どもたちに共通したこの普遍的な学習を，大人は正確な観察を通して少しずつ理解してゆくことができます。

ここで大切なのは，子どもがこの三つの発達段階を，いま申し上げたようなかたちで生きるということです。早くから記憶をつめ込み，抽象的に教えることによって，子どもの多様な発展が妨げられるようなことがあってはなりません。

遊びへの促し

遊びは，もはやすべての子どもにとって当り前のことではありません。遊びへの適切な指導を必要とする子どもが，ますます増えてきています。子どもの発達段階を学び，自分の内面を活発に，ファンタジー豊かにしようと努めている人は，子どもを遊びへと導く方法もたやすく見出すことができます。

ふつう，2歳半から3歳までの第1成長期における問題は限られています。問題が起こるのは，大人がたえず命令で子どもとかかわる時です。──「いけません。それに触ってはだめよ。あっちへ行ってなさい」等々。

歩き始めたばかりの子どもは，手で触れたり，叩いたりすることで，周囲の環境に馴染んでゆきます。赤ちゃんはどんなものでも，釘や鋲で固定されてでもいないかぎり，自分のほうへ引き寄せてしまいます。幼児は，新しいものにはすぐに最大の注意を向けます。そこで，この幼児の特性を教育的に利用して，触ってもいいもの，やってもいいことに，あらかじめ子どもたちの注意を向けてあげればよいのです。そうするためには，たしかにたえず先回りして考え，行動しなければなりません。しかし，大人がそのような努力をすることによって，子どもの意志は健全に発達するのです。また，起きている時間と，睡眠時間とのバランスがとれた１日のリズムも，とても重要です。

ほぼ３歳から５歳までの第２成長期には，日々の生活のなかのごく普通の出来事が，遊びへのよき促しとなります。大人は日常生活のさまざまな事柄を生き生きとした仕方で取り上げ，子どもに見せてあげなければなりません。郵便屋さん，市場のお百姓さん，レストランのウェイター，牧草地で出会った本物の羊飼い，お医者さんや看護婦さん ── このような職業は，働いている人々の姿を見ているだけで理解できるものです。外から見れば，これらの人々はただもくもくと働いています。けれども，その内側には仕事への熱意があります。その姿に接する子どもは，すべてを感じ取ります。ですから，子どもがお父さんやお母さんのお仕事に参加できると，ほんとうはいちばんよいのです。すると，しばらくして“ひらめき”が訪れ，子どもは自分から遊び始めます。１日の生活のなかに，お人形を導入するのもよい方法です。子どもにしてあげることを，お人形にもいっしょにしてあげるのです。しばらくすると，子どもは自分でお人形の世話を焼くようになります。その時には，大人は若干のアドヴァイスをしてあげることしか必要なくなります。とはいっても，大人はたえず子どものかたわらで頭を活発に働かせていなければなりません。

大人がおもちゃの“要求”を代弁してあげることも，遊びへのよき促しになります。たとえば，「電車は長い，長い道のりを走りたいそうです」「乗客のみなさんがお待ちです」「今日はお人形のお誕生日だから，プレゼントを包んで，ケーキを焼いて，テーブルをきれいに飾りつけましょう」「船は湖に浮かびます。湖畔には貝殻や小石，それに船着き場があります」 ── というように。

５歳から７歳までの第３成長期には，いまご紹介した仕方をさらに継続，発展させるとよいでしょう。たとえば，保育者が仕事をしているそばに“レストラン”をつくります。すると“給仕”は喜んで注文をうかがい，すばらしい料理を運んできてくれるでしょう。あるいは，２本の大きな木のしゃもじを糸で結んで，“お医者さん”に直通の電話回線をつくります。お医者さんは急患の知らせを受けて飛んできます。そして，病気になった足に包帯を巻き，たくさんの“薬”を処方してくれるでしょう。

このような遊びには，大人もいっしょになって参加しています。けれども大人は必要な時以外は，自分の仕事をけっしておろそかにすることはありません。それによって子どもは，一つの目的に向けて仕事をしている大人を体験します。そしてその姿を，年齢に応じた仕方で模倣することができます。大人はつねに冷静に子どもに接しなければなりません。子どものなかに遊びへの喜びが芽生え，それが消えずに維持され羽ばたくことができるのは，大人自身のファンタジーが最大限にひかえ目である時なのです。しかし，このような努力を通してみなさんは，父親や母親であることはもっとも困難で，もっともすばらしい職業である，ということを体験なさることでしょう。

感覚の働き

6歳から7歳くらいまでの子どもは，周囲の環境に対して，無条件に自分を委ねています。子どもが体験するありとあらゆる印象は，からだの奥深くにまで入り込みます。そして，生後約7年間につくられる臓器の機能や構造に影響を及ぼします。善と悪，益と害を区別する能力もないままに，子どもはあらゆる事象を吸収し，自分の肉体と同化してしまいます。子どもはまだ意識して何かを受け止めたり，はねつけたりすることができません。意識の担い手である脳が，まだ発達の過程にあるからです。そして，子どものからだのなかでは，さまざまな臓器が外部からの影響を受けながら，形成されつつあるのです。

そのようなからだの形成が，可能なかぎりの安らぎと力づけのなかで行われるために，色彩，音，おもちゃ，そして子どもを取り巻く人間の在りように，意識して細心の注意を払う必要があります。現代の子どもは早いうちからすべてに馴染んでおくべきだ，というような考えは，成長する子どもの“発達の法則”をまるで見過ごしています。

子ども部屋の壁や布団の生地に望ましいのは，“子どもらしい”模様ではなく，落ち着いた控え目な色合いです。そのほうが目に穏やかですし，実際の色の質が伝わってきます。お母さんのやさしい語りかけや歌声，キンダーハープやライヤー（巻末の「材料の購入先」参照）のような弦楽器の繊細な音色には，すばらしい効果があります。それを理解するのは，むずかしいことではないでしょう。一度試しにラジオ，レコード・プレーヤー，カセットデッキなどの音と，穏やかな歌声や楽器の音色を聞き比べてみてください。音の繊細なニュアンスを聞き取り，声にだす能力を育てるのはどちらか，おのずとわかるはずです。

また，おもちゃの材質にも気を使わなければなりません。子どものからだがいま形成されつつあることを考えれば，おもちゃにも天然素材のものがいちばんふさわしいと思われます。自然のものは形，表面の手触り，重さ等々が実に多様です。この多様性にまさるものはありません。それは，幼児の非常に繊細な感受性にとって，ほんとうの恵みとなります。また，自然の素朴なおもちゃで遊ぶことによって，子どもはファンタジーをさまざまに働かせ，内的に活発になります。このことは，これまでの何章かの例によってもおわかりいただけたことと思います。

自然の“おもちゃ”には，人間の手によって（彫ったり，縫ったりして）形づくられたものも含まれます。けれども自然の素材に手を加える時には，ファンタジーを発達させるために，できるだけ簡単に，そして美しく仕上げることが大切です。

年齢に応じたおもちゃ

おもちゃはいくら簡素であってもかまいません。むしろ，そのほうが望ましいのです。けれども，おもちゃの素材については，質の高さが要求されます。ところが，そのような素朴な自然なおもちゃほど，手に入れることがむずかしいのです。そもそも，おもちゃ屋さんで買うことができないからです。ですから，私たちは散歩をしている時や，休暇で田舎へ出かけた時など，おもちゃに適した素材を見つけるための特別の目を養わなければなりません。また，少し調べれば，化繊の混入していない単色の生地や羊毛を扱っているお店も見つかるでしょう。

1〜3歳

この年頃の子どもたちにとっては，お母さんのそばにくっついて，台所のしゃもじやお鍋で遊んでいることがいちばん楽しいようです。この点を考えてみますと，お部屋の隅のおもちゃのコーナーには，だいたい次のものが揃っていれば十分でしょう。

布を結んでつくる大きめの“結び人形”（1辺70cmの正方形の布。頭の直径約12cm）
お人形のための簡単な籐の乳母車
柔らかな布のまり
積み木の入ったカゴ
栗の入ったカゴ
木彫りのシャベル
木彫りの人形
揺り木馬

動物のおもちゃを与えるのは，3歳を過ぎてからがよいでしょう。

3〜5歳

本書の「建設ごっこ」「床やテーブルの上での建物づくり」「おみせ」の各章でご紹介するおもちゃはどれも，3歳から5歳くらいまでの子どもたちにふさわしいものです。さらには――

結び人形（布の結び目を利用した人形）
ショールにくるまったお人形

お人形のベッドか布団
大小さまざまのカゴと木の小鉢
羊飼いと羊
ワゴンか馬車を引いた木馬
木のこま
いわゆる“動くおもちゃ”。たとえば，2人の男がのこぎりをひいたり，トンカチをふりおろしたりするもの。あるいは，丸い板のうえで数羽のニワトリが，下に糸で吊された球の動きに合わせて餌をついばむもの。

5〜7歳

これまで数え上げたおもちゃに，さらにいくつかのものを加えます。

結び人形（子どもが望めば，残りの二つの裾で脚をつくる）
おくるみ人形
手足のはっきりしたお人形（7歳頃から）
人形の服
簡単なあやつり人形
毛糸で編んだ動物
よい絵本を何冊か（特別な状況のために）
お裁縫用のカゴ（自分のはさみ，針刺し，指貫，糸，きれいな布やフェルトの切れはしを入れておく）

本書が提案しようとしているようなおもちゃは，子どもとともに“成長”するものであるということを，どうぞお考えください。子どもは成長するたびに，おもちゃに対する新しい関係をつくりあげます。5歳頃になると，“発見の喜び”が目覚めます。たとえば，子どもは心のなかのイメージに従って，小さな丸い木の球をひものまんなかに結びつけます。ちょっとてこずったあとに，“聴診器”ができあがります。これに対して，大人の世界のものを完璧に模造したおもちゃは，そのような“発見の喜び”を妨げ，ファンタジーの力を枯らしてしまいます（「遊びはプロセス」の章を参照のこと）。また，ラジコンの車，ボート，電動の鉄道といった機械のおもちゃは——どうしても子どもに与えたいのなら——もっとあとになるまでとっておくべきでしょう。

シュタイナー幼稚園では，そのような既成の商業的なおもちゃを断固としてしめだすことは，べつにむずかしくはありません。ご両親が苦労なさるのはむしろ，親切な親戚のみなさんに対してだろうと思われます。この場合いちばんいいのは，ご自分の希望を前もって伝えておくことです。そして，お子さんの成長ぶりや，いただいた素材（たとえばあやつり人形のための絹の生地）でつくるおもちゃを楽しみにしている様子，あるいはそのおもちゃで遊んでいるところなどを，いつも簡単にお知らせしておくといいでしょう。そうすれば，プレゼントを贈る側にも理解が生じ，教育に関するみなさんのある種の厳格さと，首尾一貫した態度を尊重してくれるようになるでしょう。

お人形

お人形は，もっとも大切なおもちゃの一つです。おもちゃにとって肝心なのは，まずファンタジーの力が刺激を受けること，さらにはおもちゃそのものから生き生きとした，自然の印象が伝わってくることです。数学的にかたどられた積み木ではなく，自然の木の枝を使うのもそのためです。そして，この点は特にお人形についてもいえることです。人形は人間の姿をしています。ですから，子どもはファンタジーを通してお人形のなかに，自分自身の成長，発達する姿を見るのです。

ここで，二つの非常に重要な問題が出てきます。第一に，“母性的な行為”というものを取り違えて，お人形を女の子にあてがい，男の子からは取り上げるようなことがあれば，それは愚かなことです。そのような性の区別は，何の教育的な意味もありませんし，この時期の子どもにとって大切なことを見過ごすことになります。

第二に，目をパチクリさせたり，ミルクを飲み，おしめを濡らす精巧なお人形があります。けれども，以上の考え方からしますと，お人形に解剖学的な個々の特徴を備えつけたりするのは，もっとも間違ったことだといえます。

そのようにおもちゃ自体にいくら趣向を凝らしても，子どものファンタジーは十分に育ちません。ほんとうは，ファンタジーの力は羽ばたこうとしているのですが，働く場がないために萎縮してしまうのです。ちょうど人間の筋肉が緊張の繰り返しによって鍛えられていくように，ファンタジーの力にもそれにふさわしい訓練が必要なのです。ですから，次々と精巧なお人形が売り出されるたびに，子どもが新しいお人形をほしがるのは，不思議ではありません。いくら新しいものを買ってあげても，子どもはすぐに飽きてしまいます。それは，お人形についているいろいろな装置（たとえば“お話し”するスピーカーなど）はたえず同じ行為を提供することしかできず，まるで変化に乏しいからです。ドイツで年に一度催される“楽しい”おもちゃ市に出かけてみると，仮面のような顔に硬直したほほえみを刻み込んだ人形や，無意味に指を動かす人形が並んでいます。それがどんなに味気なく，非芸術的か，わざわざ指摘するまでもありません。

1枚の布を結び合わせただけの“結び人形”には，ファンタジーが生み出す，尽きることのない豊かさがあります。そもそも，ただの結びあわされた布は，ファンタジーの力ではじめて人形になり，さらに生き生きとした人間の姿をとるようになります。子どもが目にするありとあらゆる人間の姿が，ファンタジーの能力によってさまざまに変化しながらも，けっして凝り固まることなく，人形のうえに再現され，追体験されてゆきます。

今日の子どもの多くは，ファンタジーの力がすっかり萎縮してしまっているために，このような“結び人形”を与えられても，それで何をしたらいいか，わからないことがあります。そのような場合には，理解あるお母さんの助けが必要です。まずは，ファンタジーの働きを促すようなおもちゃを与えることです。それだけで，失われていたものが見る見るうちによみがえって，驚かされることがよくあります。けれども，5歳を過ぎてからは，この可能性はずっと少なくなります。お母さんが自分で納得して，この“結び人形”に対して自ら純粋に関わることができれば，子どももそんなお母さんを模倣することができます。しかし，お母さんにはそれができないかもしれません。考えられる理由はいくつもあります。その時は，羊毛をつめた“手足のついた人形”を自分で縫い，簡単な上着を着せて，子どもに手渡してあげるのです。そのほうが，おもちゃ屋さんで既製のお人形を買ってくるより，どんなにいいかわかりません。

庭のおもちゃ

子どもが庭で遊ぶ時に，いちばん大事なのが砂場です。ですから，砂場は狭すぎても，平らすぎてもいけません。たえまなく何かを形づくっては，またつくり直そうとする子どもの手には，砂は理想的な素材です。固い貝殻や，おもしろい形の石ころを砂場に入れておくのもよいでしょう。ほかにも,細い柳で編んだカゴ(これで子どもたちは砂をふるいにかけます),木のシャベル,それにいろいろな形に切った薪などがあると，遊びがますます豊かになります。ブリキのバケツは，最近すっかり見かけなくなりました。ブリキのバケツがなければ，蜂蜜をいれるための金色のバケツが代わりになります。

できれば，砂場の外に遊び場を設けるとよいでしょう。そしてそこに，大きな木の幹や，木の幹を輪切りにした台，それにきれいにカンナがかかった板を用意します。すると子どもたちは年齢に応じて，いろんな遊びを繰り広げます。板と台を使った“テーブル”や“椅子”や“ベンチ”でお部屋の家具を調えたり，シーソーや道路舗装のローラーなど，いろいろなものをつくります。そのようにして，子どもたちは真に“遊ぶ”機会を得るのです（「遊びはプロセス」9ページを参照のこと）。庭の片隅に，板などをきれいにしまうための小屋があれば，それも子どもたちにとっては特別のものとなります。ブランコも子どもたちは大好きです。遊園地をまねたような，地面に固定された線路や，登り棒，滑り台などは，意識的に避けるべきでしょう。そのような設備は変化に乏しく，真の遊びにはふさわしくありません。たえずつくり変えたり，自分で考え出したりする喜びが，そこからは得られないからです。そのような設備は，大人の目を楽しませてくれるだけなのです。

砂場と遊び場のほかに，木や茂みのある草地，また可能であれば敷石を敷いた“硬い場所”を庭に取り入れることをお勧めします。ここにも木の幹を輪切りにした台をいくつか置いておけば，いろんなものをつくって遊ぶことができます。それに，縄とび，ボール遊び，竹馬，こま回しもできます。小学校にあがった子どもたちは，敷石のうえにチョークで陣取りの図を描くこともできます。お人形を抱いた“お母さん”たちは，そこにパラソ

ルを広げて，おままごとをすることもできるでしょう。

このような遊びのほかに，子どもたちは公園や森の散歩の途中で，かけっこや鬼ごっこ，隠れんぼをしたり，タイヤ回しをしたりします。もちろん，それもとても大切なことです。

遊びとお片付け

息を吸って吐く呼吸や，眠りと目覚めのように，遊びとお片付けもひとつの対をなしています。ですから，遊びの時間の最後に，または家庭での一日の終わりに，お片付けの時間を設けることは意味があります。そこでは大人が，そして年齢が大きくなるにつれて子どもも，まわりを整頓し，一つひとつのものをもとの場所に戻していきます。この時間が料理や食事，あるいは散歩と同じような意味をもつようになれば，お片付けはもう重荷にはならずに，当然の習慣となるのです。お片付けに対しても，喜びと満足を感じることができるようになります。そして，まわりがきれいに片付いたところで，子どもはベッドに入るか，また別の事柄に向かうのです。

おもちゃをしまうための，カーテンのついた収納棚があると便利です。そして，おもちゃをいろいろなカゴに入れて整理しておけば，探しているものがすぐに見つかりますし，片付けも簡単に済みます。まわりにあるものを全部ほうり込んで蓋をするような，おもちゃ箱は勧められません。そのようなおもちゃ箱は丁寧さも，秩序も生み出しません。そこには混乱だけがあります（「感覚の働き」18ページを参照のこと）。

お片付けにさいして，6歳にもならない幼児にあまりにも多くを期待すると，しばしば問題が起こります。「もう大きいんだから,ひとりでお片付けくらいできるわね」などと言われると，子どもは自分の手に負えない課題の前に立たされることになります。大人といっしょにお片付けをすることで，“お片付け”の概念は，生き生きとしたイメージに変化します。「電車は駅へ，船は港へ，家具屋さんは椅子を机のところまで運びます。」

3歳までの子どもは，大人といっしょに熱心に何もかも拾い集め，カゴのなかにほうり込みます。しかるべきカゴにしまうことは，まだあまり期待できません。けれども，大人は決まったカゴに注意深く入れてゆきます。ものを拾い集め，どこそこへ運んでゆくことは，一目でわかりますし，模倣しやすいことなのです。

3歳半から5歳半までの時期には，お片付けはしばしば遊びのプロセスの一環としてなされます。たとえば，積み木を大きなカゴにしまう時，4歳半の男の子が長い板を斜めにたてかけ，積み木を一つずつそのうえに転がしながらカゴのなかに落としていくのを目にすることがあります。あるいは，布をたたんでいる途中で，急にプレス機というアイディアがひらめいたのでしょう。その子は細長くおりたたんだ布を小さなきゃたつのまわりにゆっくりと滑らせ，最後にきれいにたたみました。

以上の例はすべて，お片付けを急がせてはいけないということを示しています。しかしまた，お片付けが遊びのなかに解消されてしまわないように，注意していなければなりません。その時には，新たなお片付けの衝動を引き起こさなければなりません。

5歳から6歳の子どもたちには，大人の見通しのきくお片付けを任せることができます。お人形の部屋を整理する，“おみせ”のなかの木の実を種類別に分ける，カゴをもとの場所に戻す等々です。小学校にあがると，子どもはますますひとりでお片付けができるようになります。それでも時おりは，大人が目を配り，いろいろと言葉をかけてあげることが必要です。

遊びの時間の最中に，遊びを中断して，お片付けをさせたりしてはなりません。よく，新しいおもちゃを取り出す前に，まずそれまで使っていたおもちゃをしまう習慣のついている子どもたちがいます。しかし，それでは毎回遊びを新たに始めることになり，豊かで変化に富んだ遊びが妨げられてしまいます。

ご両親や教育者は自分でもお片付けに喜びを見出さなければなりません。また子どもがお片付けをしても，いちいち誉めることは控えるべきです。そうすればお片付けの時間はやがて当然の習慣になっていることでしょう。

建設ごっこ

建設ごっことは，子どもたちが，たとえば木製のスタンド（27ページ「スタンド」参照），テーブル，椅子，スツール，踏台などを使って，家，テント小屋，居室，船，乗物などをつくりあげることです。こうした遊びを始めるのは，ほぼ4～5歳になってからです（「遊びはプロセス」の章も参照）。こうした遊びをする時，子どもたちは，多くの遊びに見てとれる原初の衝動，自分たちがその中にもぐりこめるおおいをつくろうとする衝動に従っています。

そうした建造物をつくりあげるのに欠かせない材料として，大人は次のものを取り揃えてあげるとよいでしょう。木製のスタンド（27ページ），おうちづくりなどに使う布（31ページ），扮装用の布（31ページ），砂袋（34ページ），木製の洗濯バサミ，木綿のじゅうたんもしくは古い毛布，冠バンド（33ページ），ひも（34ページ），自然のままの木材を使った積み木（39ページ）。

木製のスタンド

木製のスタンドは，どの子ども部屋にも置いておきたい備品の一つです。多様な用途に利用できるので，ほとんどなくてはならないものです。

モデルA

この型のスタンド2台を並べてその上に大きな布をかけると，たとえば人形遊びの部屋，あるいはおみせ（72ページ）ができあがります。かけた布を両脇に押しやると，立ち人形芝居の舞台にもなります（47ページ「立ち人形」参照）。板の上に木綿のじゅうたんを敷き，クッション（35ページ）を置き，両側に布をぶらさげると，そこは心地のよい天蓋つき寝台になります（28ページ「スタンドにかける布」b参照）。あるいは，ハンモック（71ページ）もしくはひも（34ページ）にくくりつけたカゴをスタンドの上側の桁に固定してつるし，人形の赤ちゃんをその中に寝かせて揺り動かしてもよいでしょう。

モデルB

この型のスタンドは，子どもにとっては運びやすいので，建設ごっこに特に適しています。

すべての角は，十分に丸味をもたせます。両側の立脚板に，引き抜き可能な木の楔（クサビ）を差し込んでおき，上側の横桁を，引き抜くこともできるようにしておきます。そうしておけば，縫い縁を広くとったスタンド用の布を，

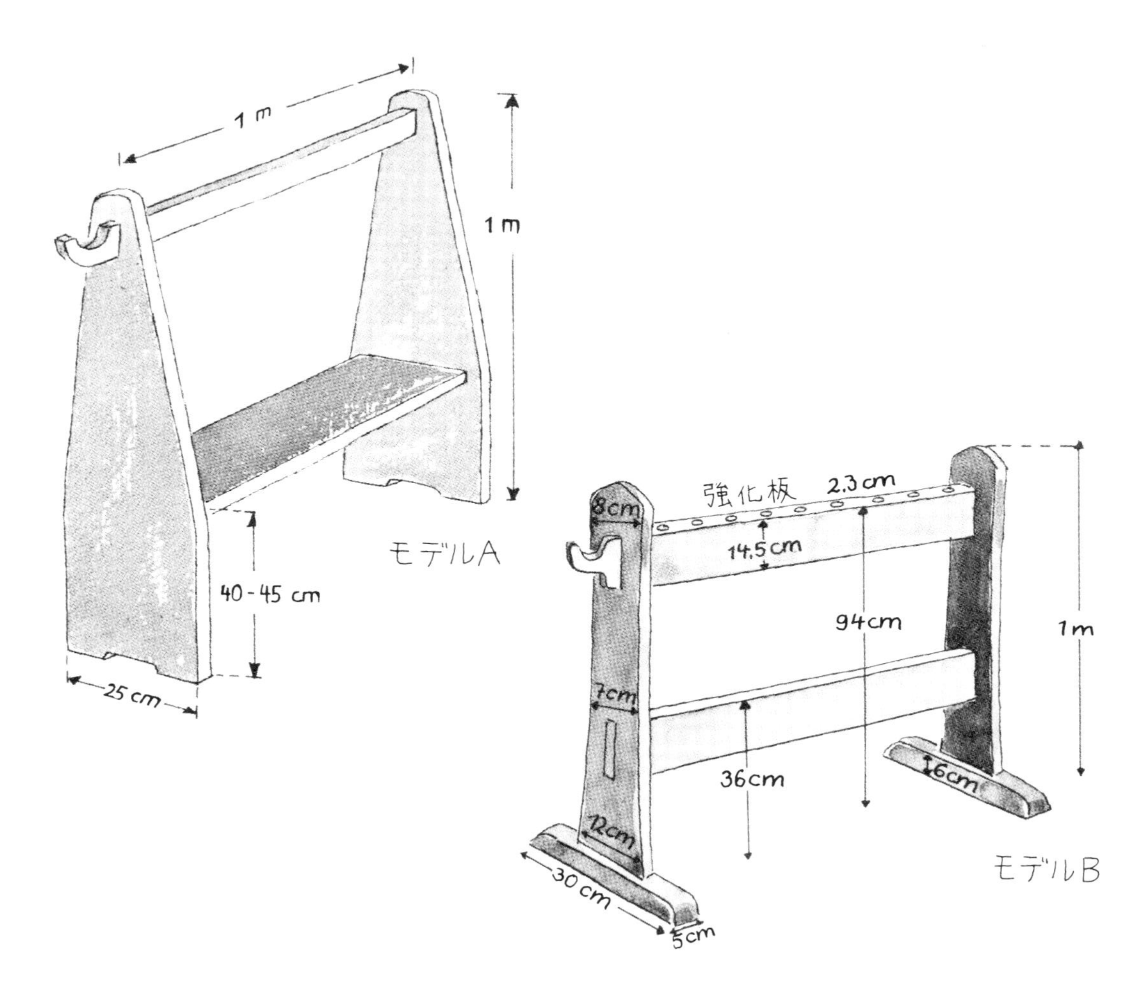
1 m
1 m
25 cm
40-45 cm
モデルA
強化板
2.3 cm
8cm
14.5 cm
94cm
1m
7cm
36cm
16cm
12cm
30 cm
5cm
モデルB

カーテンレールに通すような形で上側の桁に通しておけます。それにずり落ちる心配もありません。上側の桁には穴をいくつもあけておき，必要に応じて太い籐の髄の支柱（直径約１cm）を差し込んで，もう一つのスタンドにアーチ形につなげます（入口もしくは屋根にする）。上側の桁の両端は，鉤形に形づくっておけば（27ページ参照），“ドア”に見立てた布の縫い縁の両端につけたかけひもを，そこにかけることもできますし（29ページ参照），ドアの呼び鈴をそこにつるしてもよいでしょう。モデルＡの板の下には必ずもう一つの桁を取り付け，スタンドがしっかりとぐらつかないように固定します。

スタンドにかける布

材料：薄手の無地で色のついた上等リンネル（麻布），もしくは無地で色のついた薄手の木綿布が最適です。布幅が80cmの場合，２枚必要ですが，布幅が120～140cmでは，１枚でたります。

寸法：ａ）裁ち上がり１幅につき113cm。仕上がり98cm。上側の縫い縁10cm。下側の縫い縁５cm。
ｂ）裁ち上がり210cm。半分に折りたたんで下側の縫い縁をそれぞれ５～６cmとります。折り山から10cmのところを縫い合わせ，押しあけられるようにします。
ドア：裁ち上がり約102cm。仕上がり95cm。下側の縫い縁５cm。上側の縫い縁２cm。上側の縫い縁の両端には，同じ布で長さ10cm，幅２cmのベルトをつくり，それを輪になるようにして縫い込みます。

入口もしくは屋根に用いる布の長さは，アーチの高さに合わせます。この布は，床まで届かなくともかまいません。

a
扉
b

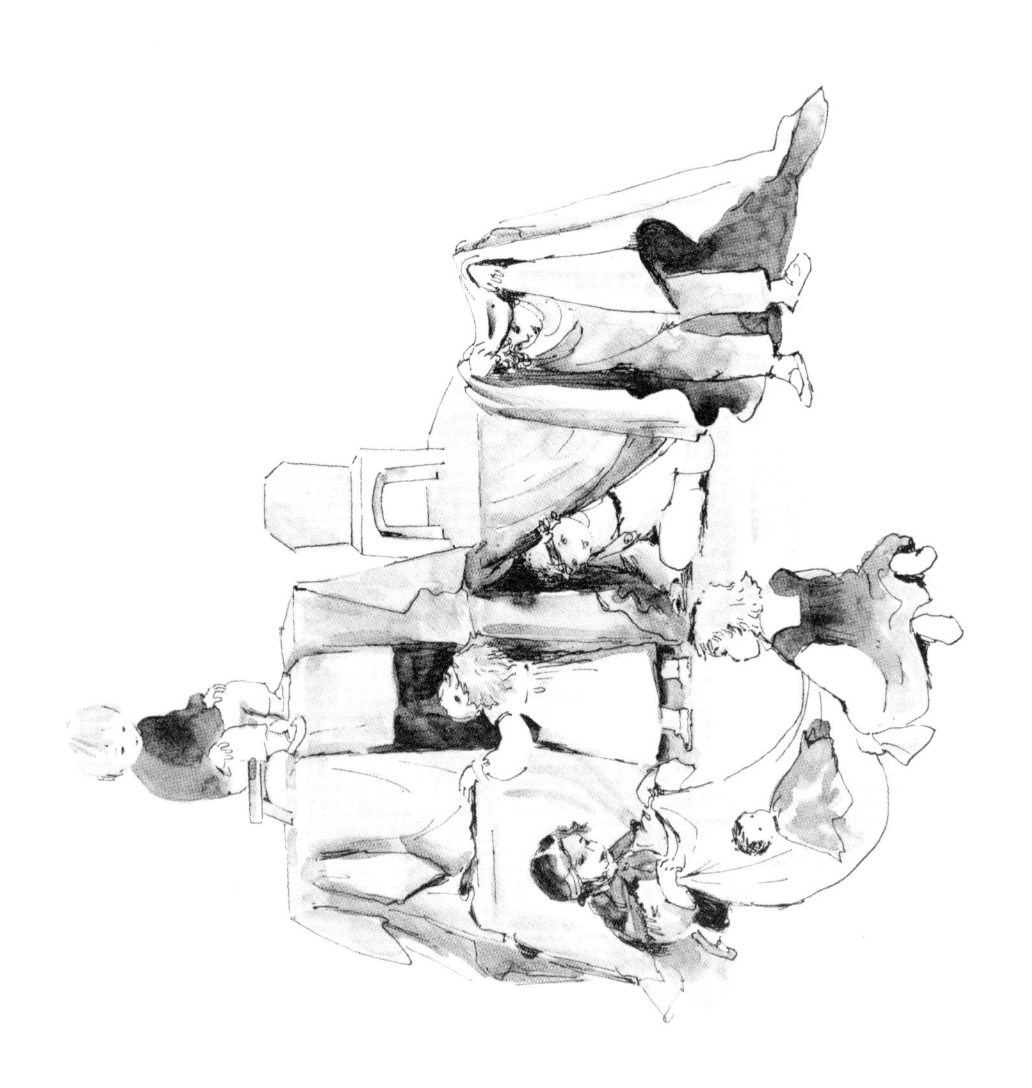

遊びに使う布

おうちづくりなどに使う布

子どもたちの遊びになくてはならないものであり，最も好んで使われるものの一つに，無地の色布があります。この布は，ほとんどあらゆる遊びに応用可能です。この布を，テーブルやスタンドや椅子を寄せ集めて，それをおおうようにかけると，おうちができあがります。自然のままの木材で積み木をする時には，草地，池，畑などに見立てた敷物として使われます。どんぐりや松ぼっくりを運ぶ時には，袋として使われます。縦長に細く折りたたむと，手づくりの汽車（45ページ「樹皮のついた木でつくる汽車」参照）の下に敷いて，枕木の代わりになります。細長く折りたたんで丸めると，消防隊のホースになります。扮装用としても適しています。子どものファンタジーには，際限がありません。布を手にして遊んでいるうちに，ますます豊かなアイディアが湧いてきます。布が，たとえばテーブルからずり落ちないようにするためのおもしには，砂袋（34ページ）がよいでしょう。

材料：さまざまな色（ケバケバしい色は避ける）の無地の木綿布，薄手の麻布，またはポプリン。
寸法：たとえば80×150cm。

扮装用の布

たとえば薄手の上等の木綿布のような軽い材質の布が，扮装用に特に適しています。そうした布は，扮装用として扱いやすいからです。ロングスカート，肩掛け，天使の翼，ショール，頭巾などに使われるだけでなく，遊びのなかでの特定の役割，たとえば医師，看護婦，消防士，母親，おばあさん，王様，王女様，花嫁などの扮装用としても使われます。頭に布を固定させる時や，ベルトとして用いられるのが，冠バンド，もしくは毛糸で編んだ飾りひもです（33ページと34ページ）。

材料：無地の木綿布もしくはごくやわらかい布。
寸法：たとえば80×120cm。

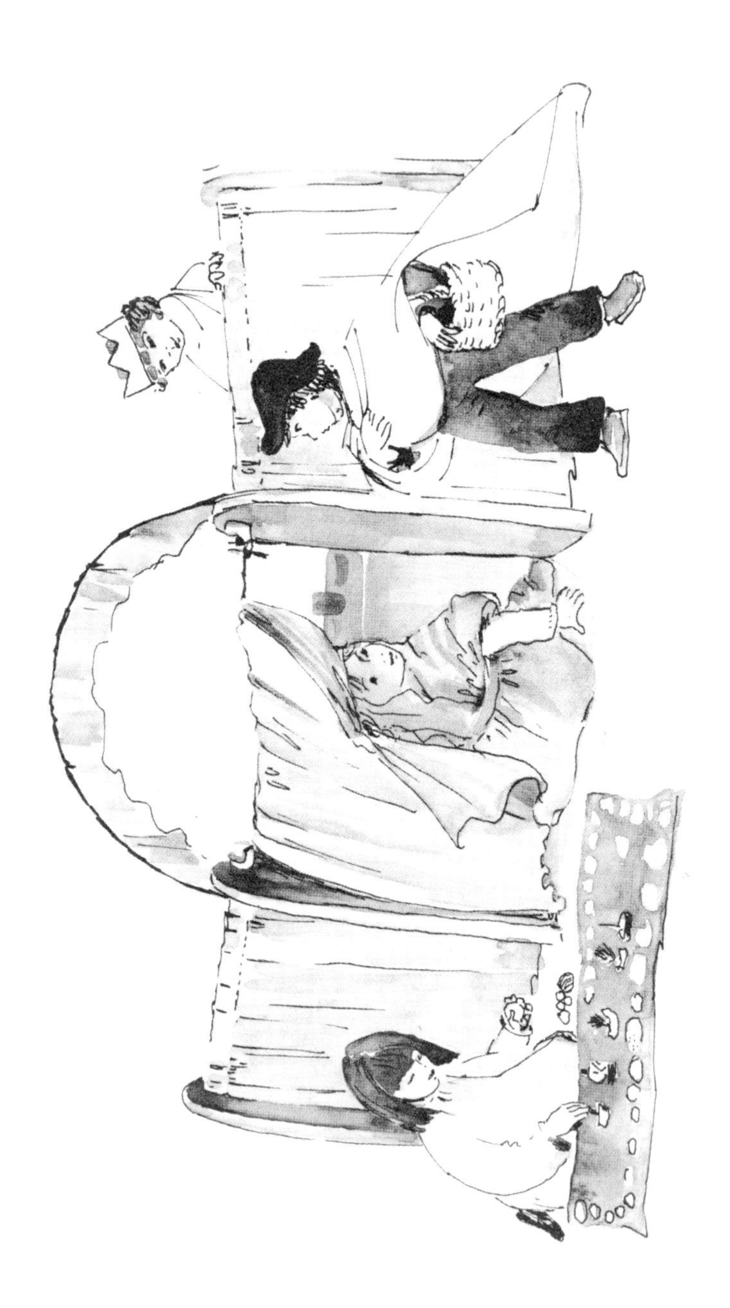

冠バンド

このバンドは，特に扮装用の布（31ページ）を頭に固定するのに重宝です。そればかりか，包帯，人形用のおむつひもにも応用可能です。人形のお部屋のつりランプを固定するのにも役立ちます。

材料：極太のやわらかい毛糸（一番よいのは黄色），鉤針。

まず20～25cmの長さにくさり目をつくります（矢印１）。次に引き抜き編みで返ってゆきます（矢印２）。次に中央のベルト部分を編みます。40cmの長さにくさり目をつくり（矢印３），折り返し，１目つくり，１目こま編みをし，そしてなが編みをします。×印の手前２目のところまで編み（矢印４），再びこま編みをし，そして１目編み，くさり目を一つつくります。

反対側（矢印５）も同じように目をひろい，こま編みで始め，なが編みで編み続け，最後はこま編みをし，そして１目編みます。もう一方の結びひもとして20～25cmの長さにくさり目をつくり（矢印６），引き抜き編みで折り返します（矢印７）。始めと終りの毛糸をきれいに始末します。

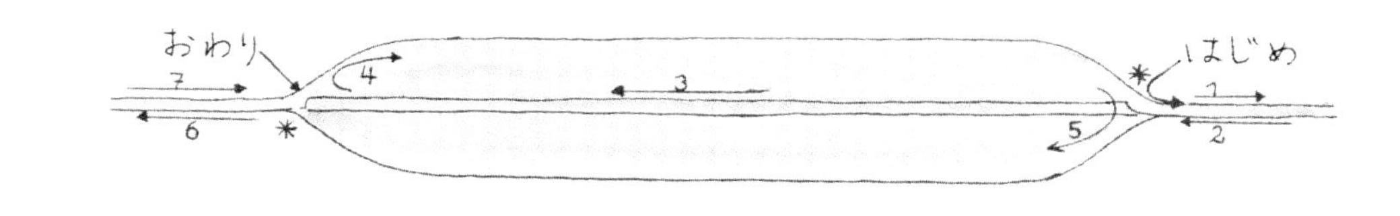

飾りひも

極太のやわらかい毛糸で編んだ飾りひもはいくらあっても多すぎることはありません。子どもたちは，そうしたひもがあれば，それで身にまとった布を固定したり，細い棒切れに巻きつけてつり糸にしたり，何本もより合わせてケーブル用のロープにしたり，電話線にしたりと，いろいろに応用します。あるいは，古い天びんのはかりを目にしたことのある子どもは，天びんばかりをつくるのに使ったりします。独創的に，このひもを布を結んでつくった坊主人形（56ページ）の首に巻きつけて，あやつり人形にも変身させます。ここにあげたわずかな例からもわかるように，毛糸で編んだ飾りひもには，さまざまな用途があるのです。

材料：良質の極太毛糸，鉤針。

3本どり，もしくは4本どりにした毛糸を，くさり編みで60～80cmの長さに編みます。編み始めと編み終りの毛糸をきれいに始末します。

砂袋

砂袋は，おうちづくりの時に，テーブルや他の家具にかけた布がずり落ちないように，おもしとして使われます。これなら，たとえば樹皮つき木材でつくったおもしのように傷つけることはありません。そればかりか，子どもたちは，ファンタジーを働かせて，この砂袋を足の下にくくりつけてスキー板にしたり，ひもにくくりつけて滑車のおもりにしたり，つりざおにくくりつけて魚にしたり，郵便局のスタンプ台にしたり，木製の汽車の積み荷にしたりして遊びます。

材料：砂がもれ出ないようなかなり厚手の布（たとえば羽根ぶとんの袋などに用いる木綿），カバー用の無地の布，砂袋1袋につき300～350gの砂。

寸法：仕上がり18×13cm。
カバー布の裁ち上がり寸法14.5×49cm。

厚手の布で袋を縫い，砂をつめてきっちり縫いとじます。

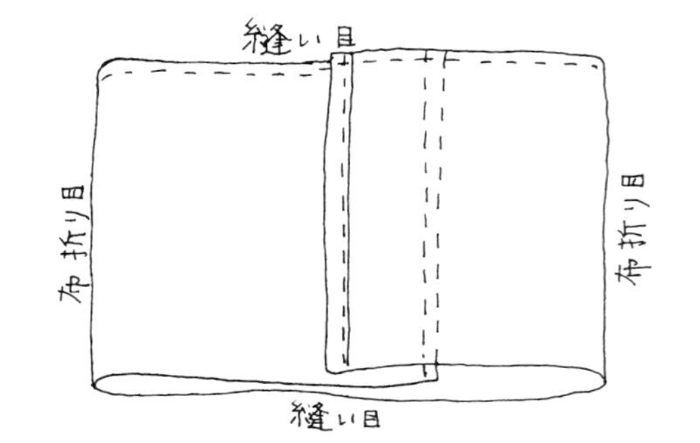

カバーの口は縫いとじないで，中にすベりこませることができるように縫います。そうすると，洗濯しやすくなります。最初に幅の狭い側の両端を縁縫いし，次に，中表にして布を重ね合わせて折りたたみ，両脇を縫い合わせてとじ，縁をかがって処理します。表を出して，アイロンをかけます。

遊び用クッション

羊毛をつめ込んだやわらかいクッションを，子どもはとても喜びます。それを長椅子や床のじゅうたんの上に置いて，人形のベッドをつくります。あるいは，床の上におもちゃをたくさん並べ，そのまん中に敷いて自分がすわります。毛糸で編んだ飾りひも（34ページ）でクッションを頭にくくりつけて，消防士のヘルメット代わりにしたり，ランドセルに仕立てて背中に背負います。

仕上がり寸法は，たとえば40×30cm。

材料：ありあわせの木綿布かはぎれ（羊毛をつめ込む袋用として），カバー用布（できればあぜ織りのビロード），よくほぐした，または梳いた羊毛。

袋の三方の端を縫い合わせ，あまり薄くない程度に羊毛をつめ，残りの一方の口を縫いとじます。カバーを縫ってかぶせます。

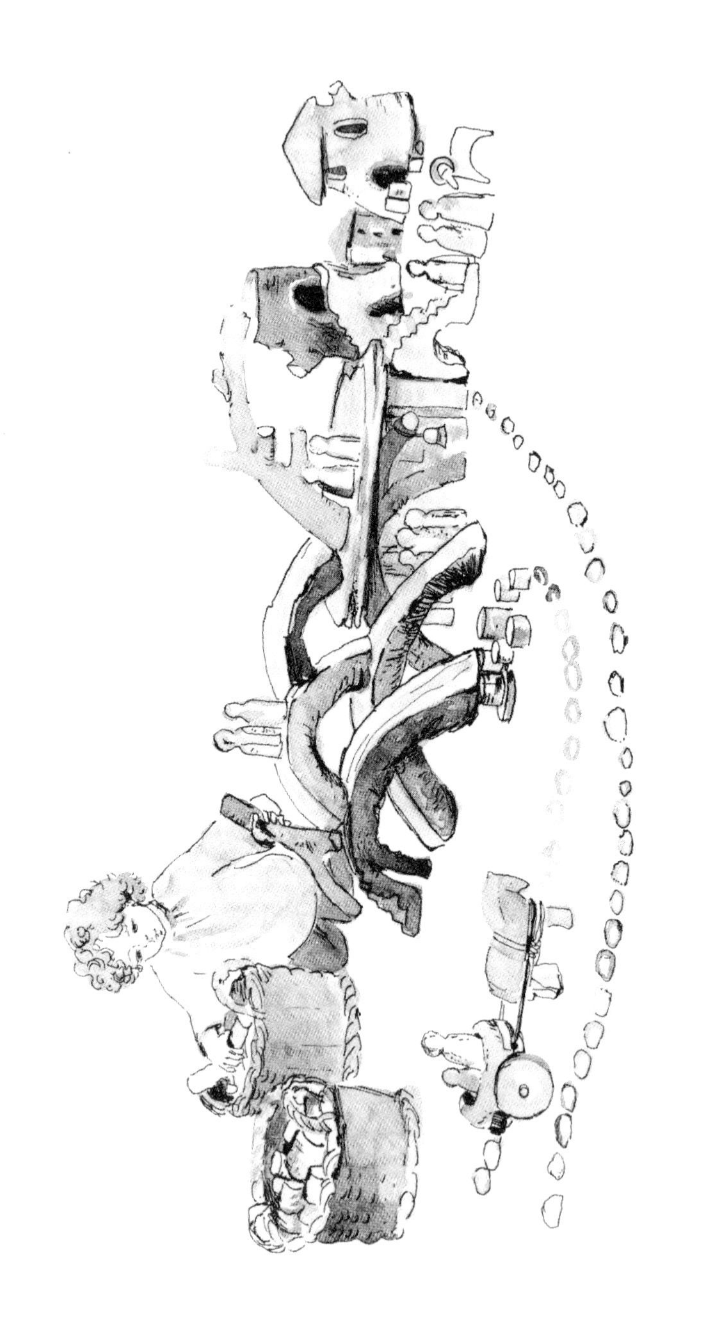

床やテーブルの上での建物づくり

子どもで，身のまわりに何か材料をみつけては，いつも新しい感動で領地を築きあげて喜んでいない子どもがいるでしょうか。子どもとは，そのまわりにあらゆるものを寄せ集める人種なのです。たとえば，航海士になれば，船や川や海が必要になり，そこには貝殻も落ちていなければなりません。羊飼いになれば，羊のいる牧場と，妻や子供たちの住む家も必要です。お百姓さんになれば，自分の住む家の他に，家畜小屋，馬，車が必要です。汽車の運転士になれば，乗客や貨物をのせた汽車が必要です。子どもたちが風景の多様さを観察できればできるほど，あるいはお話に触発されればされるほど，その組み立てはいっそう明白に具現されてゆきます。たとえば，森をつくるとしたら，そこには動物の棲むほら穴があり，えさ場があります。山をつくるとしたら，そこにはたくさんの小人たちの住むほら穴があります。

木を削ってつくったり，縫ってつくったりした素朴なおもちゃは，まわりの自然のなかにいくらでもあるもの――たとえば，根っこ，石ころ，貝殻，樹皮，松ぼっくり，木の実（どんぐり，トチの実など）――との関係を触発し，身近にします。これらのすべては，幼児の感性に可能な限りの細やかな印象を与えるという根本的な観点があります。このことは，色調のあった配色，造型された形，それにさまざまな特性をもつ素材――石，木材，羊毛，樹皮，布など――についてもあてはまります（18ページ「感覚の働き」参照）。

なお，4歳未満の幼児は，一つの風景もしくはそれに類似したものを，まだ細分化して形づくれないことを考慮に入れておかねばなりません。彼らは，たいていの場合，狭い場所にいろいろなものをゴチャゴチャ並べるだけで，カゴの中の材料がからっぽになれば，それでもう終りにしてしまいます。

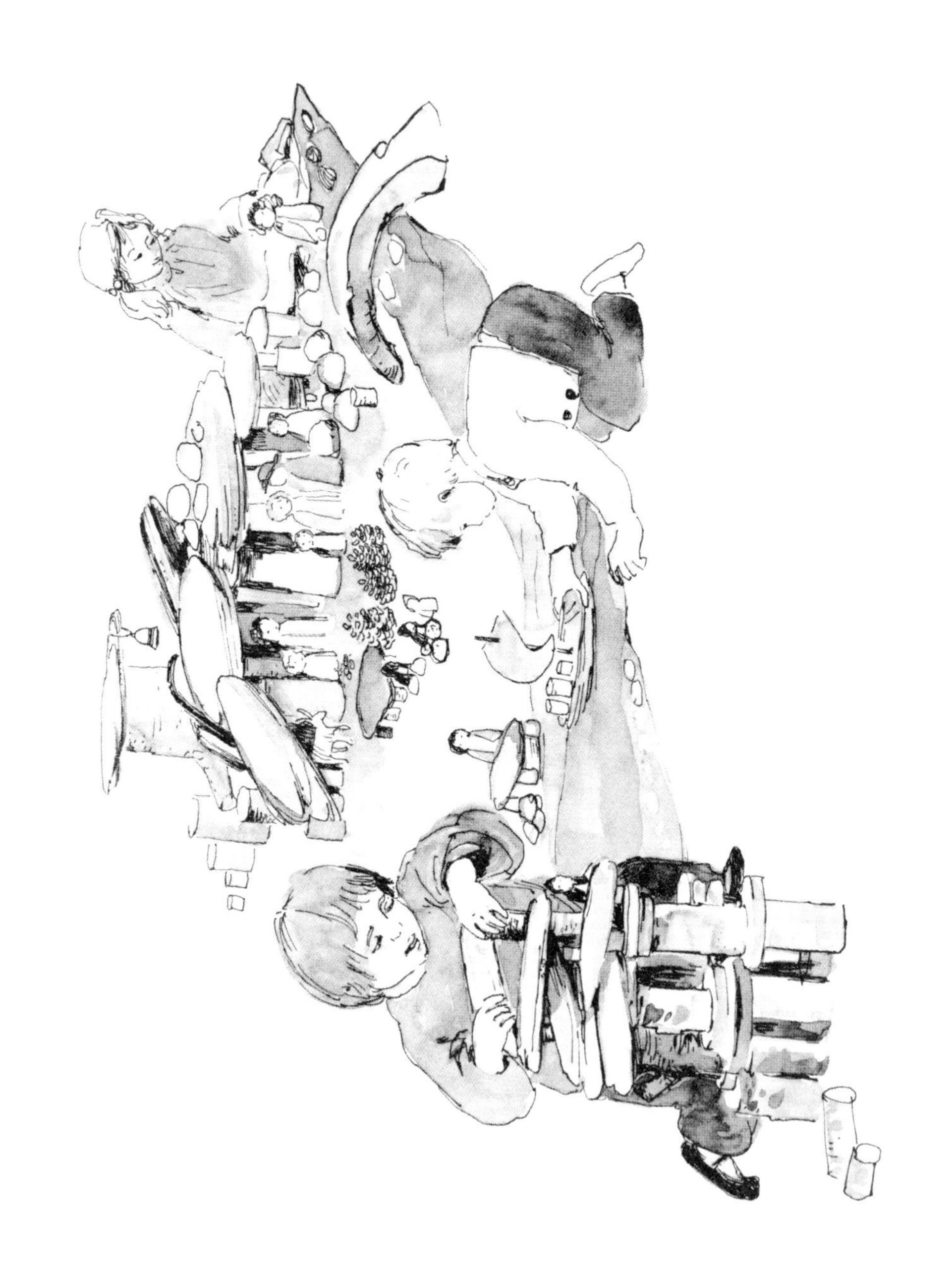

積み木

樹皮のついたままのいろいろな大きさの枝木でつくった積み木は，自然の生きいきした形や，天然の色を提供してくれるだけではありません。そうした枝木の多くには，たとえば副枝が突き出ていたり，形が反り返っているといった何らかの特色があるので，子どもたちは，そうした特色に触発されて，そこに日常の体験領域にある別のものを発見します。たとえば，曲がった枝木は，ある時は橋になり，ある時は刀，トランペット，大鎌になったりします。あるいは枝木から突き出ている副枝は，たとえば泉，機関車の煙突，呼び鈴の取り付け金具，垣根の一部になったりします。こうした天然の積み木で，家や燈台や，他の建造物をつくる時には，はめ込みボタンやねじシステムでくっつけ合わせる必要はなく，子どもの内面の静かな平衡力を大いに働かせてつくり上げてゆきます。

材料：樹皮のついた白樺の枝木や他の木の枝木(直径２～15cm)

枝木は，その強度に応じて２cmから25cmまでのいろいろな長さにのこぎりでひきます。太い枝木は，手おので二つに割っておくとよいでしょう。特に太い枝木は，のこぎりで2.5～４cmの厚さの輪切りにします。副枝は，けっして全部を切り落さず，数センチ分を残してつけておきます。

切断面の角は，彫刻刀もしくは小刀で削って，とがっていないようにします。切断面そのものは，サンドペーパー（金剛砂）をかけてこすり，蜜ろうバルサムをすり込んでなめらかに仕上げます。そうしておけば，木質も保護され，洗うのも容易です（95ページ参照）。

これらの天然の積み木材料をまとめてしまっておくには，大きな柳のカゴがよいでしょう。

天然の積み木材料を補充するものとして：

たとえば，樹皮，松ぼっくり，小石，貝殻，羊毛，羽根，どんぐり，トチの実を，それぞれ別のカゴに入れておきます。その他，木を削ってつくったこけし（42ページ），立ち人形（47ページ），小人（49ページ），布，木製の洗濯バサミなどを用意しておきます。

組み立て遊び用の小布

寸法と強度の異なるさまざまな無地の残りぎれは，特に床の上での組み立て（37ページ）に豊かさを与えます。樹皮でつくった舟のために川あるいは湖として使われたり，枝木にかぶせてほら穴をつくったり，お話に登場する動物を用意できない時に残りぎれを１個所か２個所結んでその動物に仕立てます。平均して50×50cmの大きさの布を用意します。

松ぼっくりでつくる小鳥

材料：松ぼっくり，ブナの実のカサ，小さな羽根，良質のよくつく蜜ろうかあるいは強力な接着剤。

ブナの実のカサを蜜ろうか接着剤で松ぼっくりの尖端に固定します。両側および下側には尾として２～３枚の羽根を，それぞれ蜜ろうか接着剤で同様に固定します。

小鳥のまわりに糸を１本巻きつけ，棒につるしてもよいでしょう。

樹皮でつくる小舟

材料：松の樹の皮，小さな棒，帆につかう白樺の樹支，羽根あるいは布きれ。

松の樹の皮に棒を立てるための穴をあけます。白樺の樹の皮や羽根，あるいは布きれを小さな釘で棒にとめます。

こけし

材料：白樺の幹，直径２～４cmのもの。長さは，直径とのつり合いを見て決めます。彫刻刀もしくは小刀。

まず最初に，幹の上部を丸く削ります（矢印の方向に）。次に，首の部分を削り込んで，少し細くします。その時，首がとがった溝にならないように注意します。顔（目や鼻や口や耳）はあえてつけない方がよいでしょう。逆に，副枝の痕跡を髪形のまげにしてもよいでしょう。体の部分は，樹皮をマントをはおった形になるように削りとっておきます。頭高が，こけしの全長の４分の１になるようにします。切断面は，蜜ろうバルサムをすり込んでみがいておきます。

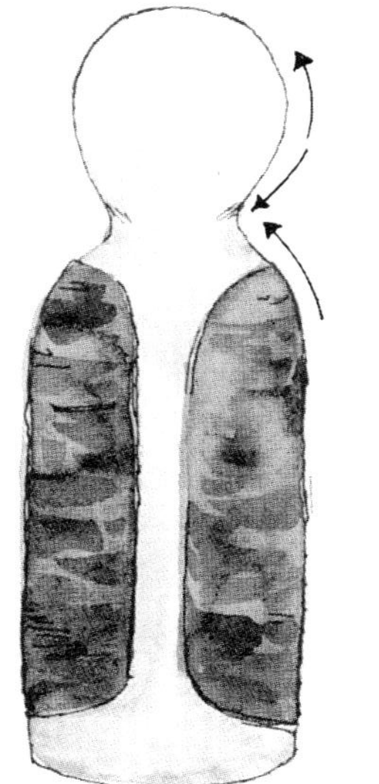

枝木でつくる動物

子どもたちの興味をそそるおもちゃの動物をつくるには，枝木を利用します。小さなのこぎりと鋭利なナイフ，そしてほんのちょっとのファンタジーを働かせれば，身近にころがっている枝木（切り落したばかりの枝木でもよい）に，小さな動物を見出すのは，わけないことです。つくりあげようとする動物をもっともよく表す姿勢と特徴が出ていれば，それで十分です。子どものファンタジーは，その他の部分を補充するでしょう。

大人としては，最初のうち，木の枝ぶりに何らかの動物の姿を見てとるのは，少々苦労します。しかし，ふたまたに分かれた枝木や，いくつもの分枝の出ている枝木をいろいろと集めて，よく見ていれば，そのうちに何らかの動物の姿が連想されるでしょう。

削った表面には，蜜ろうバルサムをすり込んでみがいておきます。

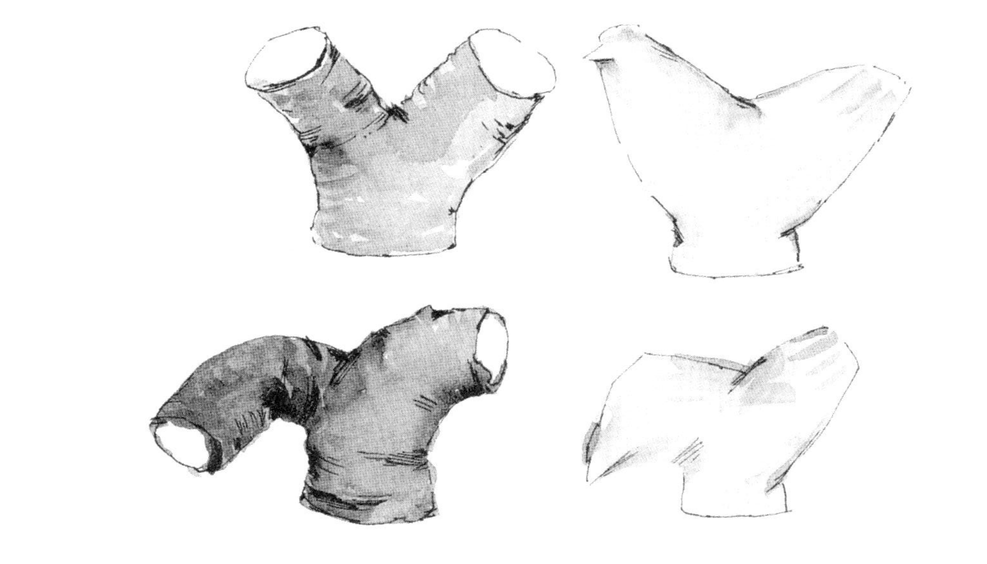

枝木でつくる橋

材料：美しくほっそりと，または幅広に反りかえったいくらか太い枝木，たとえば白樺，栗の木，かえでの木，果樹などの枝木がよいでしょう。
キャンプ用の小さい手おの，のこぎり，彫刻刀もしくは小刀。

手おので，枝木の上側を“平らに削りとります。”いちばん高い部分からそれぞれ両側に下るように削りとり，手頃な幅の橋の平面が生じるようにするとよいでしょう。手おのの柄の刀にちかい部分をつかんで，少しずつ削りとると簡単に削れます。他の木で少し削る練習をしてから本格的に取りかかるのが無難です。両端を斜めに切り落せば，橋はぐらつかないで安定して立ちます。

小刀で角を軽く削り，手おので削った跡をなめらかにしておきます。小刀の代わりに，やすりをかけてなめらかにしてもよいでしょう。場合によったら，削った平面をサンドペーパーでこすり，蜜ろうバルサムをすり込んでおきます。手を加えなかった樹皮の部分や，短く切った副枝も，そのままにしておきます。

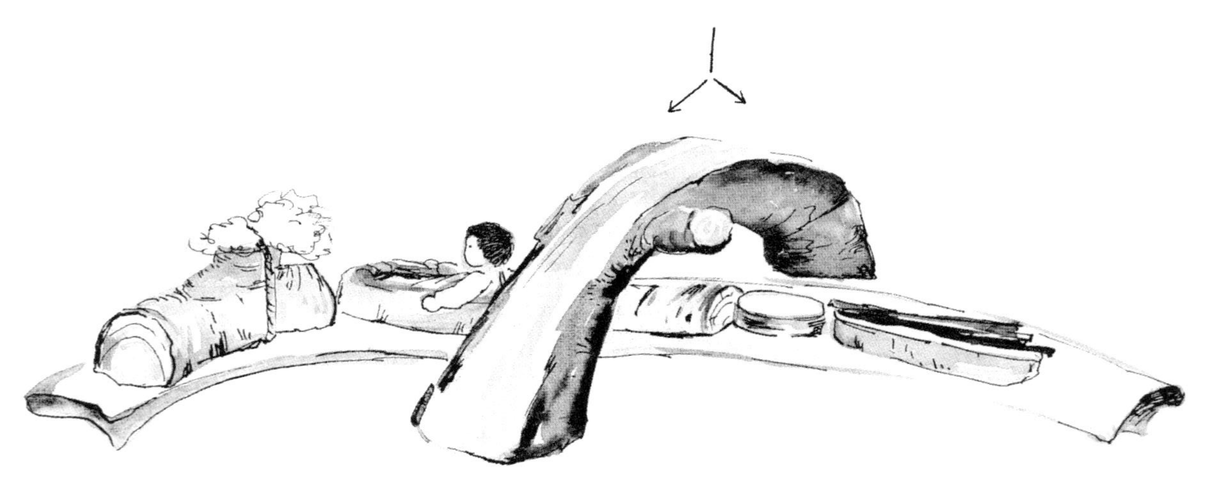

樹皮のついた木でつくる汽車

半分に割った木，中を少しくり抜いた木，小枝が少し突き出た木などがあれば，子どもたちは，それに触発されていろいろと工夫をこらし，連結された汽車を見事につくりあげます。細長く折りたたんだ布があれば，車輪は必要ありません（31ページ参照）。少し小枝が突き出ている木は，たいていは機関車になります。その突き出た小枝によくほぐした羊毛をかぶせると，煙を吐き出す煙突になります。もちろん，木の底は平らに削り，安定性のある平面にします。乗客あるいは積み荷は，他のおもちゃで代用します。子ども部屋の床にじゅうたんが敷いてある場合には，すべりのよい布（たとえば繻子（しゅす）や裏地用の生地）が敷物としてなければなりません。樹皮のついた部分を除いて，手を加えた表面にはすべて，蜜ろうバルサムをすり込んでおきます。

材料：いろいろな種類の木で樹皮のついたもの（白樺，かえで，栗，果樹）。
のこぎり，手おの，彫刻刀もしくは小刀，丸のみ。

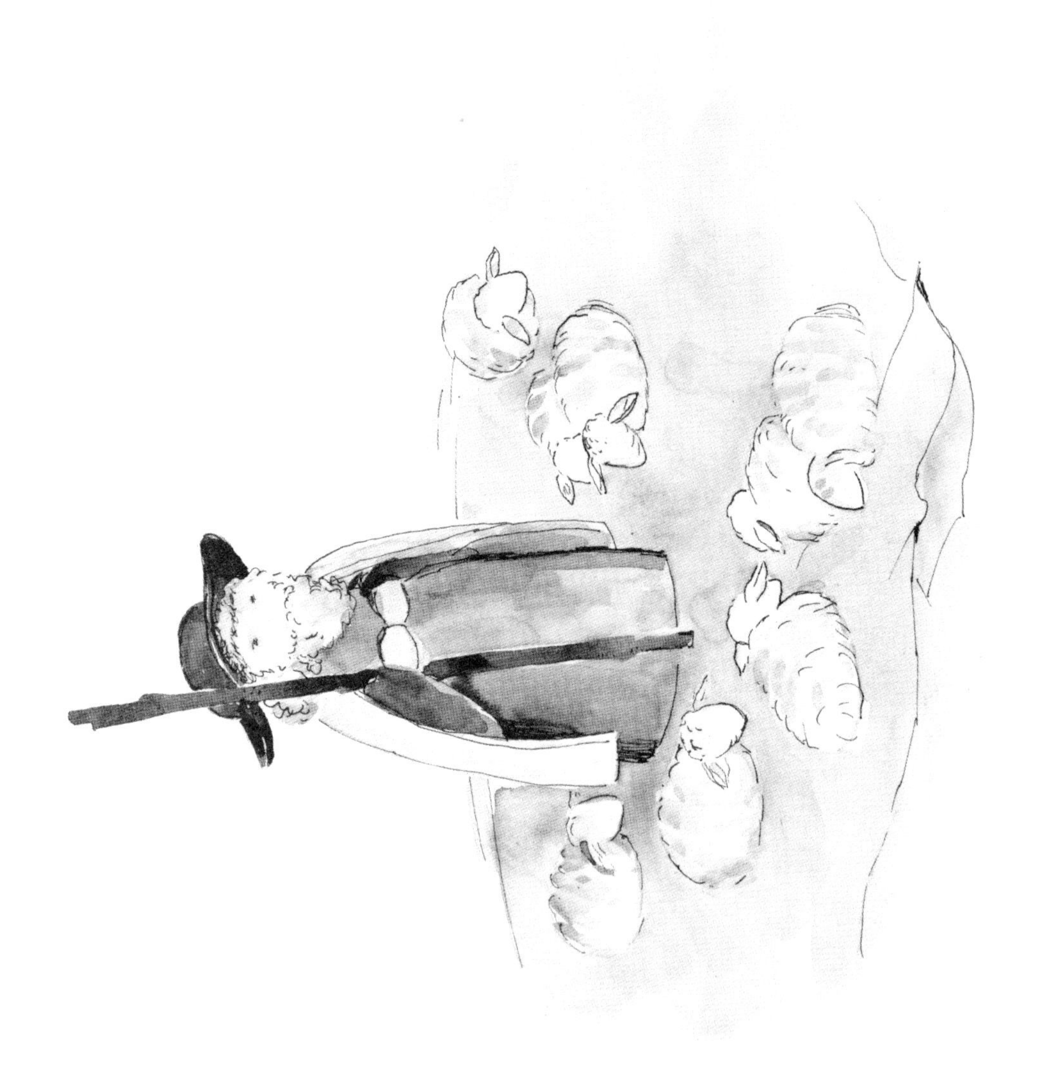

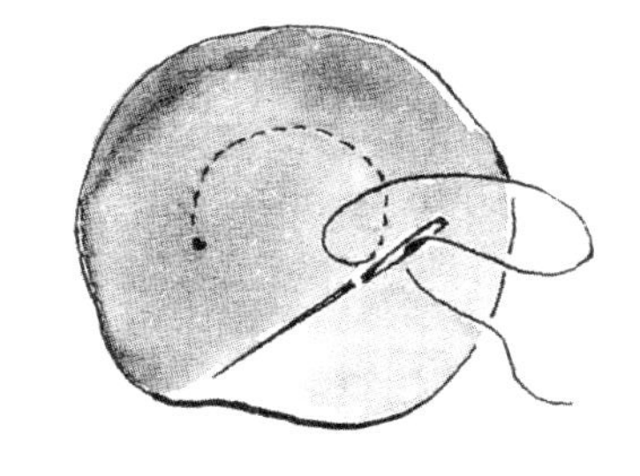

立ち人形

こけし（42ページ）と同様に，立ち人形も，床やテーブルの上での組み立てには欠かせないものです。立ち人形は，いろいろな大きさと形で，1家族が形成されるくらいつくっておくとよいでしょう。簡単につくっておくと，立ち人形は遊びのなかでどうにでも変身できます。たとえば，ハンモック（71ページ）に入れた羊飼いの立ち人形たちが，大きな舟型の容器に入れられた鱒に見立てられたことがありました。また，子どもたちが，たとえばお話に登場する人物を特色づけようとする時には，立ち人形にもう1枚の布をまとわせることもあります。羊毛をつかってつくる簡単な立ち人形のつくり方のくわしい手引きは，『人形芝居』（巻末の参考文献参照）を参考にしてください。

材料：布の端ぎれもしくはフェルトの端ぎれ，頭部用のトリコットの布地，つめ物として紡いでいない白の羊毛，頭髪用として紡いでいない黄色と茶色の羊毛。

少しほぐしてから丸めた羊毛を，正方形のトリコットの布でくるみ，首の部分をしばります。頭部は，布でくるまないで羊毛のままむきだしでもよいでしょう。その場合には，目と口はつけません。次に，羊毛を円柱状に形づくり，頭部にくくりつけます。その時，頭部が十分丸くなるように注意します。衣装としては，長方形のフェルトか布地（頭高4.5cmの場合，14×22cm。頭高３cmの場合，９×14cm）を縫い合わせます。衣装の丈は，頭高の約３倍弱とします。上部の縁をぐし縫いして縮めてから，衣装を首の部分に縫いつけます。少しばかり色のついた羊毛を頭髪として軽く頭に縫いつけるか，毛糸で刺しゅうします。目と口は，色鉛筆で軽くつけます。衣装の中にさらに羊毛をつめ，人形が安定して立つようにします。

そうしてできあがった立ち人形に，さらに簡単な“マント”あるいはケープやショールをまとわせます。帽子は，円形のフェルトでつくり，ぐし縫いして少し縮めて帽子の縁が少し波打つようにします。帽子は，頭部に何刺しか縫いつけて固定します。

それ以外のもっと手のこんだ衣装，たとえばエプロンなどは，意識して避けるとよいでしょう。そうしたものは，手足のついた人形向きです。

時として，両手をつけるのが望ましい立ち人形もありますが，その場合，ピンク色のトリコットで縫って，ケープのひだのところに縫い込んでおくとよいでしょう。

小人

子どもたちは，私たちをとりかこむ自然のなかに生きづいているさまざまな存在（精霊や妖精，小人など）と，まだ自然な関係をもっています。メルヘンのなかでこの存在について聞き，リズム遊びのなかで付き添い，自然のなかで遊びに夢中になっている時にはともに活動しているのです。そればかりか，周囲の大人がこの世界に対する意識と真理への愛を啓発できてさえいれば，室内でも，時として子どもたちがそうした存在を出現させているのがわかります。このような時のために，色とりどりの少しばかりの羊毛で，小人や妖精をつくってあげます。

縫った，あるいは編み上げた小人たちは，子ども部屋で特別に大事にしてあげなければなりません。小人たちの王国は，部屋の片隅に，根っこや石ころやいろいろな種類の毬果（松ぼっくりなど）でつくります。

材料：フェルトのあまりぎれ，紡いでいない羊毛。

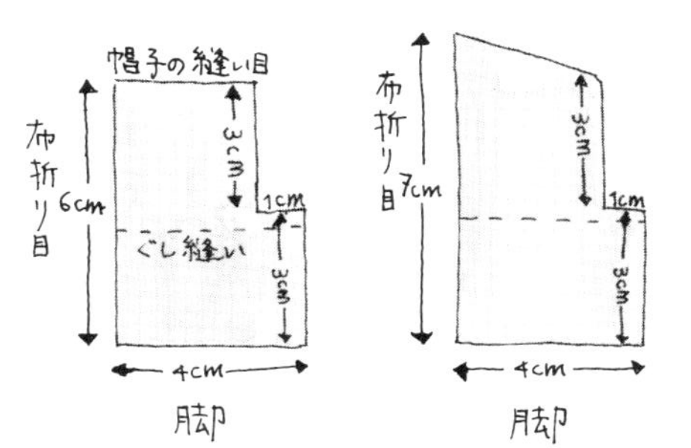

小人のフード付きマントを裁断します（図参照）。頭巾（フード）の縫い目を縫い合わせて，裏返して表を出します。点線で示した個所をぐし縫いします。ほどよくほぐした羊毛をマントの中につめ，ぐし縫いをした糸を引いて縮め，前方で結んでしっかり縫いつけます。つめた羊毛を少しほぐしてつまみ出してひげをつくるか，もしくは別にひげを縫いつけてもよいでしょう。顔の部分も，丸味をもたせるように，羊毛を少しほぐしながらつまみ出しておきます。

マントの下側にはみ出た羊毛は，底が平らになるように切りとります。いろいろな大きさの小人をつくるとよいでしょう。ただし，そのプロポーションは，どれも同じにするのが大切です。

なお，頭部を十分大き目につくるよう気をつけます。この小人たちは，カゴの中にていねいに入れておき，他のおもちゃのそばに並べておきます。

綿状羊毛でつくる小羊

綿状羊毛でつくる小羊は，簡単に仕上がるので，特に子どもたちの前でつくってあげるとよいでしょう。それを見て，子どもたちは，自分の手でたくさんの小羊をつくりあげるようになります。そのさい，大人はほとんど手伝う必要はありません。というのも，綿状羊毛のかたまりそのものがすでに羊に似た形をしているからです。ひんぱんに遊びに使う場合には，時折小羊を新しくつくりかえてあげます。首の部分をしばった糸と，とじ付け縫いをした糸をほどいて，綿状羊毛をていねいに洗い，乾かしてから新たに小羊をつくります。

材料：綿状羊毛，針穴の大きいかがり針。

長方形の綿状羊毛のかたまりを巻き込んで下側を軽く縫いつけます。巻き込んだ綿状羊毛の上部の両端を少しつまみ出して丸味をもたせ，卵形にします。数針とじ付け縫いして固定します。同じ糸で，首の部分のまわりをぐし縫いして縮めて頭部をつくります（図参照）。下側にも針を刺し通して，縫いつけます。首の部分を縫った糸は，綿状羊毛にくい込ませて見えないようにします。両耳は，太い針に羊毛を通して，それで頭部を刺し通して両側に耳が出るようにします。指先で耳の先端の形をととのえます。耳を上に立つようにつければ，同じ仕方でウサギができあがります。

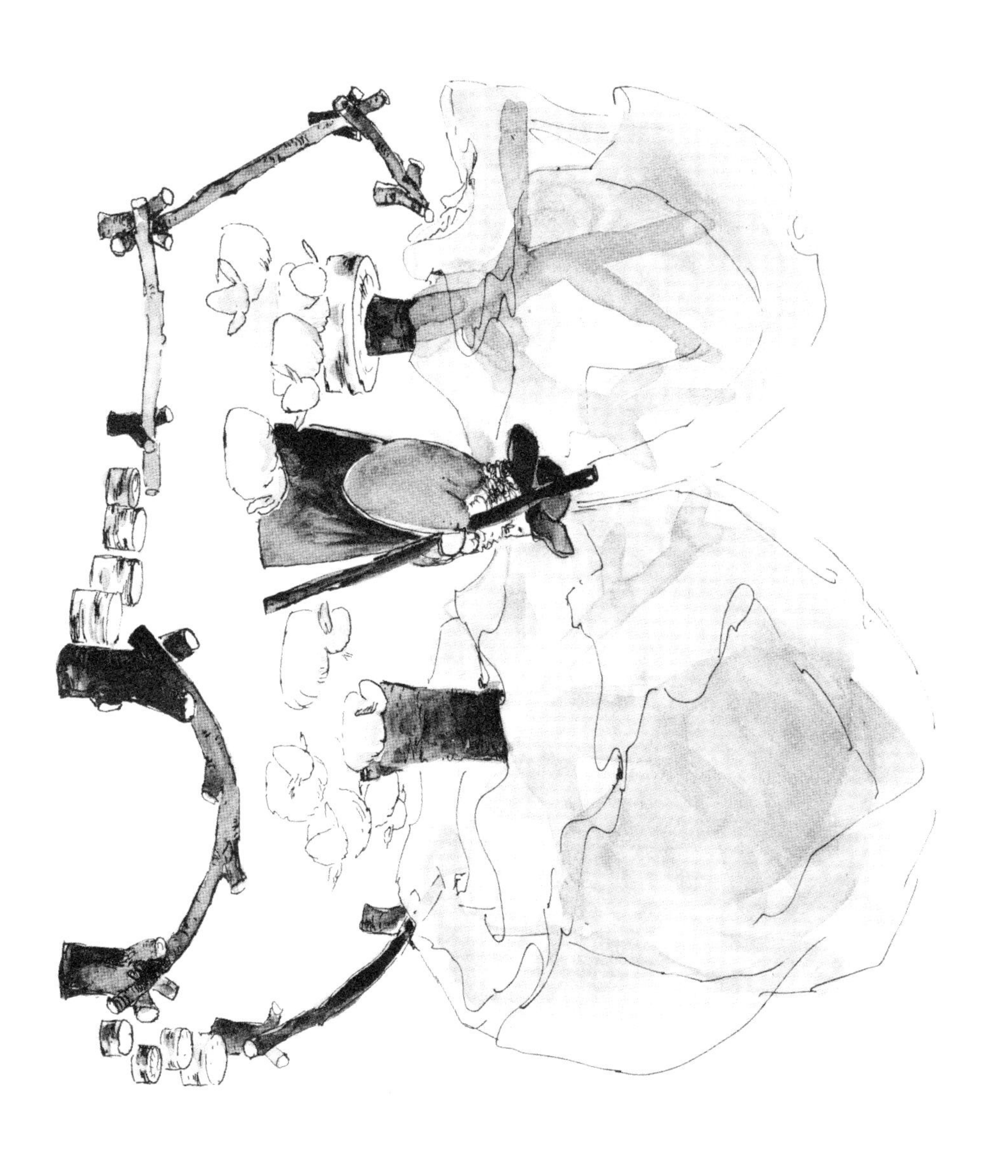

羊（巻きつけ法）

このようにしてつくる羊は，６歳未満の幼児のおもちゃとしては，それほど適していません。しかし，クリスマスの４週間前に始まる待降節の時期につくる馬小屋には，とても素晴らしく合います。小学校２～３年生の器用な生徒なら，これをつくるのを手助けできるでしょう。

材料：しなやかなブラシ状針金，試験管洗いやきせる掃除の針金でも小さい羊がつくれます。
梳いた紡いでいない羊毛，できるだけ１かせ。針穴の大きいかがり針，もしくはじゅうたんの縫い針。

１匹の羊をつくるのに，２本の同じ長さ（たとえば25cm）のしなやかな針金を用意します。この長さによって，羊の大きさが決まります。その針金１本を使って頭部と前脚を，もう１本で胴体と後脚を，それぞれ望みのポーズにして形づくります。すわっている羊なら，後脚は省略し，後脚になる部分を胴体に巻きつけます。

１本目の針金を半分に曲げ，折り曲げた部分から3.5cmのところで１度ねじって頭部の輪を卵形にします。さら

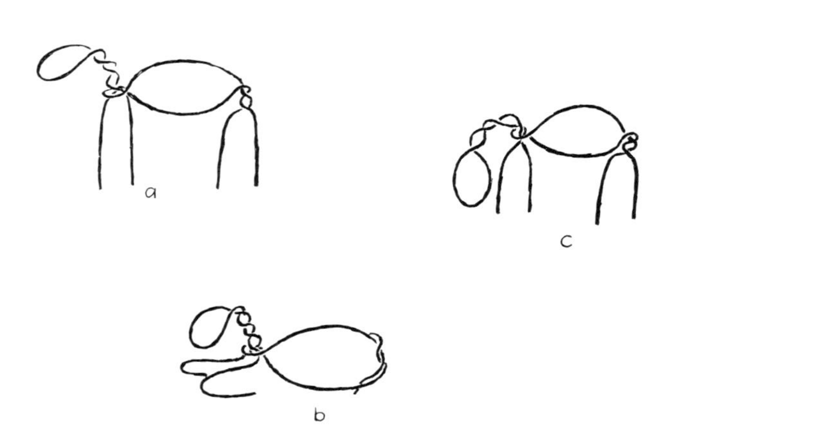

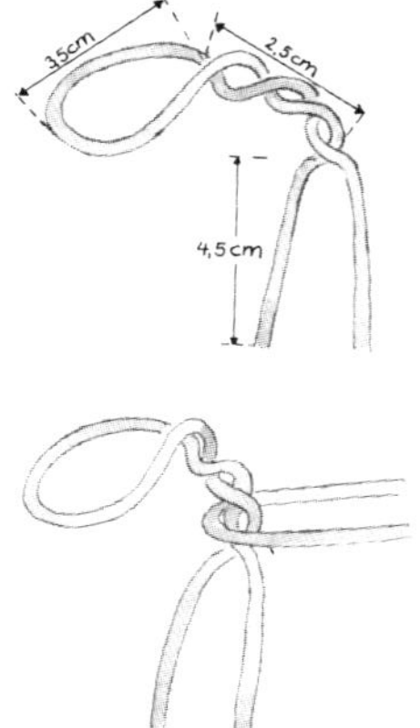

に３回ほどねじって首をつくった後，前脚２本をそれぞれゆるやかに曲げて伸ばしておきます。

もう１本の針金も半分に曲げ，首のいちばん下側に輪の部分をかけます。１回もしくは２回しっかりとねじってグラつかないようにします。胴体部分となる輪をつくってから，尻の部分を１回半ねじって，後脚をそれぞれ別に少し曲げてから伸ばしておきます。

指示した寸法は，だいたいの目安です。調和のとれたプロポーションは，目で見て決めます。

次に，まず最初に羊毛のかせを細めにとって，脚に巻きつけます。４本の脚に巻きつけた後，頭部，首，胴体と，それぞれ必要な強さで巻きつけます。

次に，両耳をつけます。太い針の針穴に羊毛を少し通して，頭部の耳にあたる位置に針を刺し通します。耳の長さに合わせて，適度にむしって形をととのえます。

最後にしっぽですが，ほんの少々の羊毛をむしり出して，２本の指にはさんで少しねじり，適当な長さと太さの尾をつくります。

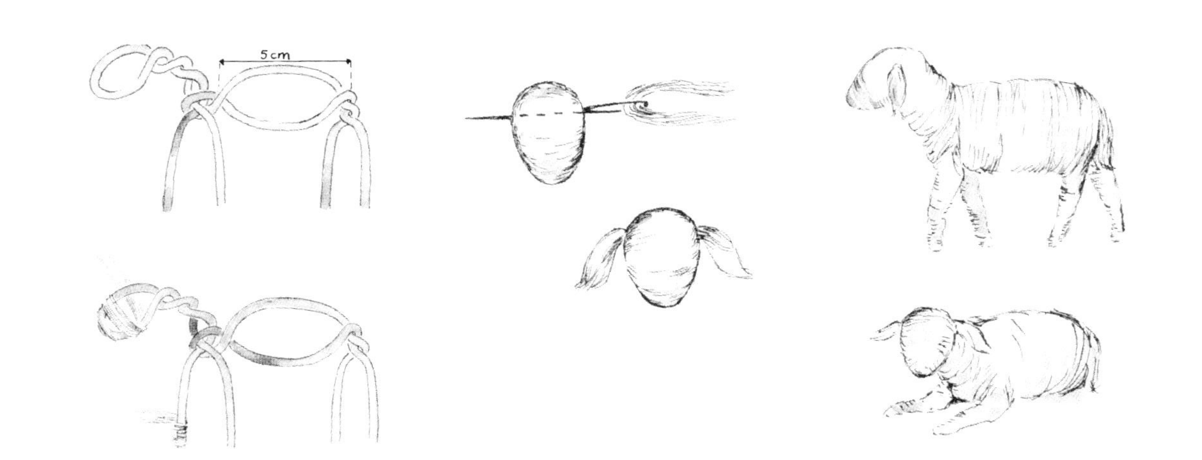

人形の部屋

子ども部屋に，二つのスタンド（27ページ）もしくはスタンド一つと棚一つがあれば，仕切って人形の子どもたちが住む部屋になります。子どもたちは，ひんぱんにスタンドの位置を変えては，部屋をつくり直したり，増築したりします。そこでは，日常生活がそのまま模倣されています。この場合も，たとえばプラスチックの浴槽，ガスレンジ，アイロンなど，本物に似せた既製のおもちゃは避けます。そうすれば，子どもたちに“本物”を，その都度新たに見出す可能性を開いてあげられます。たとえば，ある時にはカゴが，またある時には逆さにした足台が，人形の浴槽になります。丸くて薄い板きれが，レンジ台になったり，なべのフタになったり，ワッフルの焼き型になります。小さな枝木が，コップやドライヤーや噴霧器にもなります。

ここで最も重要なのは，もちろんできるだけ簡単につくられた人形たちで，子どもはファンタジーを働かせて人間の多様な表出をイメージできます（21ページ「お人形」参照）。

人形遊びには，おくるみベッド（67ページ），冠バンド（33ページ），毛糸で編んだ飾りひも，それに羊毛も欠かせないものです。そうしたものがあれば，子どもたちは，年齢と経験に応じて，人形の子どもをさまざまに仕立て，服を着せられます。年長児（5～6歳）には，きれいな刺しゅうをあしらった簡単な人形の服を縫ってあげるとよいでしょう。おくるみ（67ページ），いろいろなカゴ，ゆりかご，ハンモック（71ページ），足台は，人形を寝かせる場所になります。木製の小さな鉢，木のスプーン，果物の種，トチの実，どんぐり，小さな花びん，ろうそく立て，子ども用ハープ（巻末の購入先参照）は，楽しく真剣な遊びのなかで日常生活や特別な祝祭行事を模倣するのに，とても適しています。

布を結んでつくる人形と動物たち（結び人形）

材料：さまざまな無地の布，紡いでいない羊毛少々。

人間の姿をつくるには，1枚の布の一つの角を結んで頭をつくり，他の二つの角を結んで両腕をつくります。布が非常にやわらかく，小さくもない場合には，たとえば下図の×印をつけたところをつまみあげ，ひき出した角を結んで頭をつくります。短くなった二つの角をそれぞれ結んで両手をつくります。おばあさん人形にするには，頭に布をかぶせます。おじいさんや羊飼いにする場合には，結び目のところに羊毛を少々さし込んでひげをつくります。

動物の例として，カタツムリのつくり方を紹介しましょう。

布の角2個所の先端をそれぞれ結んで，小さな結び目をつくります。この二つの角をそろえていっしょに結んで頭をつくります。布の残りの部分で二重の大き目の結び目をつくるか，布を何度か手に巻きつけて，それから結んで，カタツムリの殻を形づくります。

布の結び目を少し長めにするか，丸くするか，あるいは1枚の布でそれぞれ異なった大きさの結び目をいくつもつくるかによって，子どものファンタジーには，そこに典型的な動物の姿（たとえばウサギ，キツネ，羊など）を再発見する機会が与えられます。

動物の特徴は，布の色でも表現できます。たとえば，緑色の布の結び目はカエルになり，青い色の布の結び目は，ひょっとして，巣の中の鳥になるかもしれません。

坊主人形

わが子に，結び人形とか坊主人形をつくってあげようと決めた母親は，そのことによって子どもの内に何か特別な力が啓発されることを予感しますが，同時に自分自身にも何か特別のものが要求されていることを知らねばなりません。それは何かというと，こうした人形への愛情を育てることです。子どもは，それを見習ってこの人形を可愛がるようになります。人形をていねいに製作すれば，人形への愛情が生じますし，一日を通して，子どもといっしょにいる時に意識して人形を仲間に入れるようにすれば，人形への愛情はつづいていくでしょう。

材料：肌色のウールもしくはフランネル，または絹（乳児もしくは２歳位までの幼児用）。
寸法：１辺45～50cm（正方形），１辺35～40cm（絹の場合）。

布の周囲の縁を，できるだけ手縫いで縁縫いし，縁を十分やわらかく仕上げます。羊毛をこまかにほぐし（96ページ「加工していない羊毛の取り扱い」参照），それを球形に丸め，布でくるみます。糸状に撚った毛で，首の部分をあまりきつくなくしばります。布の四つの角がほぼ同じ長さで下に垂れるよう注意します。対角線上にある二つの角を，それぞれ結んで両手をつくります。腕となる部分があまり長くならないよう気をつけます。目と口は，色鉛筆で点状に薄くつけておきます。人形をくるんだり，衣装として着せかえるために，人形のための色布（66ページ）を子どもたちに与えるとよいでしょう。

絹の布でつくる場合には，首から下の胴体部分の長さを，頭高のほぼ1.5倍くらいにします。子どもが羊毛を口に入れないように，胴体部分を絹糸で縫いつけておくとよいでしょう。羊毛が，頭部から首を経て胴のほうにまで下がっていれば，頭部はいっそう安定してぐらつきません。

手足のついた人形

これについては，21ページの「お人形」を参照してください。

材料：白いトリコット（古い下着など），肌色のトリコット，紡いでいない羊毛，がんじょうな白糸（撚り糸もしくは刺しゅう糸），頭髪のための毛糸。

頭部（頭高6cm）

ほぐした羊毛（96ページ参照）を正方形（約20×20cm）の白のトリコットでくるみ，固い球状に丸めてしばります。頭部が後になってぐらつかないようにするには，しばる前に，筒状にきつく巻き込んだ羊毛を首のところに差し込んでおくとよいでしょう。

一方の耳にあたる位置に2本どりにしたじょうぶな糸を固定し，頭のまわりに1回転水平に糸をめぐらせて，かなりきつめに引き締めます（糸が布にくいこむ程度に）。そして，最初に固定した地点で再びしっかりと固定します。糸をもう半回転させて，もう一方の耳の位置のところでしっかりと固定し，糸がずり落ちないようにします。糸を，頭のてっぺんから首を通って（筒状の羊毛の前）ぐるりと巻きつけます。そのさい，あまりきつく引き締めないようにします。糸の交差点を，しっかりと縫いつけます。後頭部側の水平にめぐらされた糸を，首をしばった糸の1cm上まで引きおろしておきます。

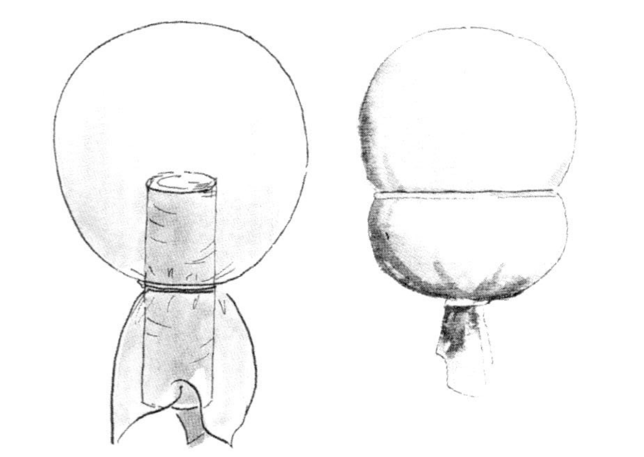
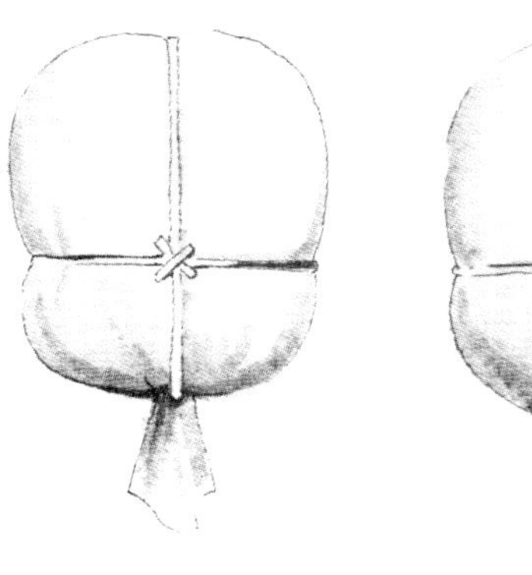

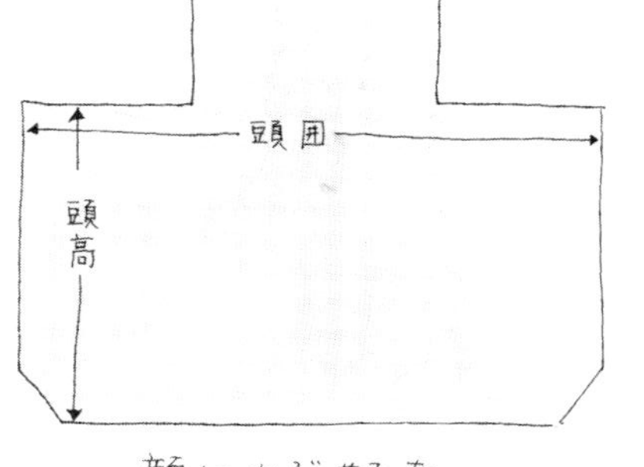

顔にかぶせる布

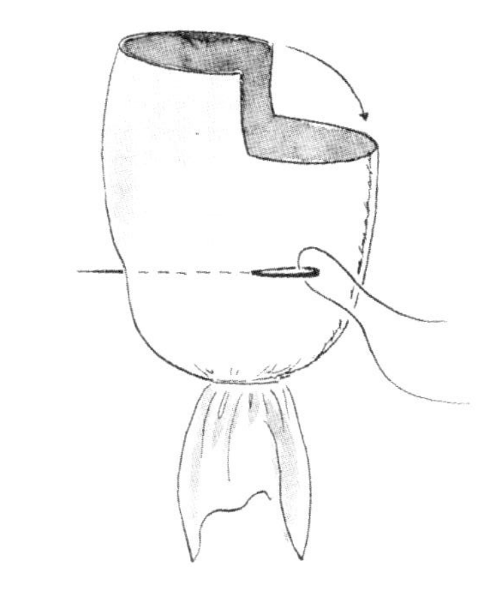

おおいとなるトリコットを図のように裁断します。その時織り目が垂直になるようにします。

裁断した布を顔にあて，目の線のところでぴったり密着させ，上部と後頭部側を重ねて縫い合わせます。首の部分は，後ろ側に布を重ねるように引き寄せ，あごにひだが寄らないようにします。

目は，まずまち針で目線上にしるしをつけ，次に耳の位置から一方の目へと針を通して刺しゅうし，さらにもう一方の目も刺しゅうします。目の針目の長さは約0.5cm。糸は水平に，そして両目の間隔が狭くなりすぎないように注意します。青の色鉛筆で目をぬります。口は赤の色鉛筆でほのかにしめします。

頭髪

頭髪は，毛糸でステッチ刺しをします。

ポニーテールやモジャモジャした頭髪には，頭の上部のつむじが中心点となります。お下げ髪には耳の少し下側の１点を中心とします。この中心点から後頭部の頭髪の生えぎわまで長くたらします。お下げ髪の場合には，頭髪の分け目の中央を鉛筆でうすく印をつけ，その都度耳から頭髪の分け目までステッチをさしてゆきます。そのさい，すべてのステッチを耳までもってくる必要はありません。耳のところが厚ぼったくなってしまうからです。頭部全体が長いステッチで密におおわれることになります。毛糸の始まりと終りは垂らすようにします。引き続き，さらに個々の頭髪をその間に縫い込み，それによって同じ毛糸を返し刺ししたり，ステッチを固定させたりします。

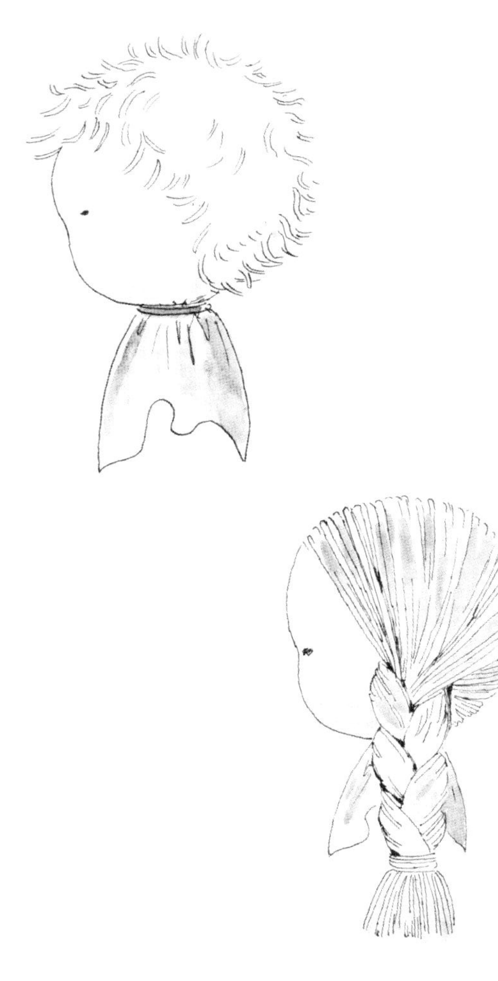

肢体

両腕部分と肢体部分には，肌色のトリコットもしくは薄手の古い毛糸編みセーターを用いますが，図（64ページ）のように裁断します。トリコットや編んだ布は，多少伸長性が強いので，指示してある寸法は一応の目安と考えてください。

両腕は，垂れ下げた時に，股のところまで届くようにします。

両腕を縫い合わせ，肩のつけ根の部分まで腕にふんわりと羊毛をつめます（ただし，腕が自由に動くように肩のつけ根の部分にはつめない）。

布の折り山の中央に小さな穴をあけ，頭部から垂れ下がった布端を首の部分と共に差し込みます。首の部分をしばった糸が隠れるようにして，何針か縫いつけておきます。

股から肩まで返し縫いでとじ，脚を縫いとじます（つま先も）。

股のところに慎重に切り込みを入れ，裏返します。

両脚の股のところまで羊毛をつめ，それから別のかたまりの羊毛を胴部につめます（両脚もすわるさいに自由に動くように）。両脚と胴部は腕の場合よりもきっちりとつめます。羊毛をつめている間，片手で形をつくってゆきます。

胴部につめた羊毛の中央（首の部分）に穴をあけ，頭部の下にぶらさがっている布端をその中に差し込みます。

胴部の布を腕からえりぐりにかけてひっぱり上げ，えりぐりのところを糸で縫い合わせます。

腕部の開けてあるところを少し内側に折り込み，胴に縫い合わせます（けっして切り込まないこと）。

両手をそれぞれ軽くしばるか，手首のところでぐし縫いをして，縫い縮めます。

足先を直角に曲げ，接触点で脚に縫い合わせます。糸を少し引っぱって足首のところに小さなステッチを刺し，再び糸を引っぱり，くるぶしからくるぶしへステッチをかけ，縫い合わせます。

洋服としてはかんたんな着物風上っぱりが適しています。人形を洗ってもその形がそこなわれないように，かわかす時も軽くハンカチにくるんでハンガーにつるしておきます。あるいは，顔の表面だけをスポンジに洗剤をつけてこすって洗うだけでもよいでしょう。

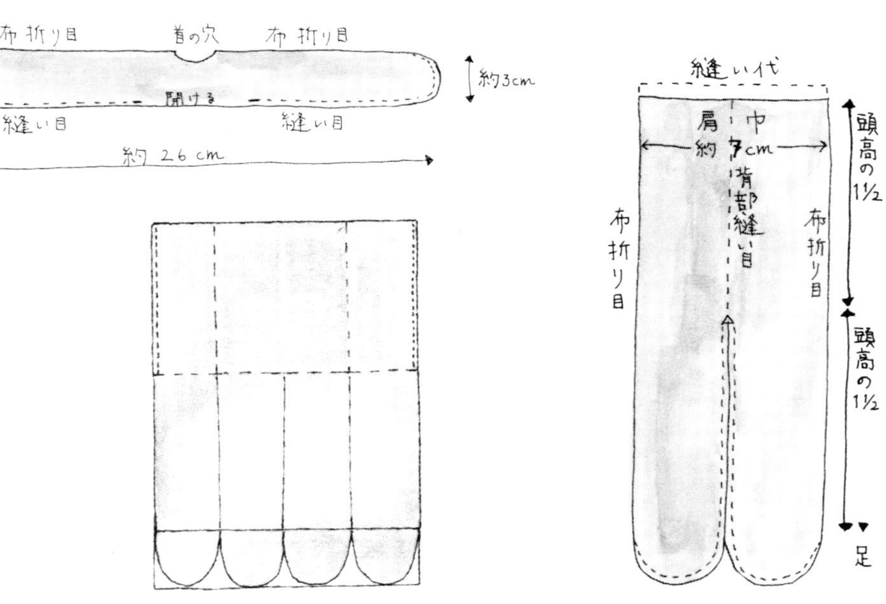

おくるみ人形

材料：白いトリコット，肌色のトリコット，ウールかジャージーあるいはやわらかい単色の布。

頭部（頭高７cm）は，手足のついた人形と同様につくります（60ページ参照）。胴体・肢体部分の布は，比較的幅広く裁断し，ゆったりと羊毛をつめます。

両腕と胴体・両脚部分を，図（66ページ）を参考にして裁断します。まず最初に，うしろ身ごろの股から上を縫いとじ，次に両脚を縫いとじます。

両脚部分はズボンにアイロンをかける時のように折りたたみ，足のつま先がゆるやかな曲線を描くように前方から後方へ縫い合わせます。

両腕を縫いとじます。袖の折り山の中央に小さな穴をあけ，頭部から垂れさがっている布端を首の部分まですっぽり差し込みます。えりぐりを内側に折り込み，首の部分をしばった糸が隠れるように，しっかりと縫いつけます。

白いトリコットの布きれに片手いっぱいの羊毛をつめて，頭高の約1.5倍もしくは10.5cmの高さで胴体（つめもの）をつくります。

頭部のすわりがよいように，肌色のトリコットの端をきつく引きおろし，胴体に縫いつけます。

両脚の部分にそれぞれ羊毛をふんわりとつめ，上部の縁はぐし縫いしておきます。

胴体を少量の羊毛でくるみ，身ごろに差し込みます。

ぐし縫いした糸を縮めて，身ごろを胴体に縫いつけます。

袖のついた上部を引きおろして，身ごろのぐし縫いした部分が隠れるようにして縫いつけます。

袖口から羊毛をつめて腕をつくります。そのさい，羊毛を胴体の前方と後方に押し込むようにします。袖口はぐし縫いしておきます。

両手を縫って，それぞれ羊毛をつめ，縫いとじた後，袖口に縫いつけます。両足は，足首のところをぐし縫いして縫い縮めておきます。

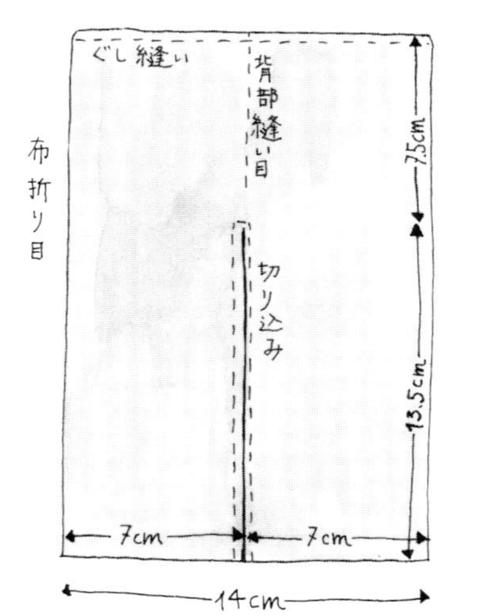

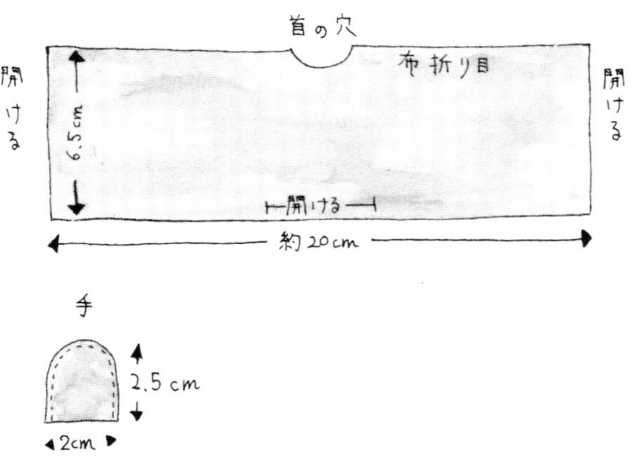

人形のための色布

赤ちゃん人形からおばあさん人形にいたるまで，簡単な布があれば，いろいろな衣装に応用できます。できるだけ単色で淡い色調の布がよいでしょう。布を頭部に固定するために，人形の頭囲の寸法に合わせて毛糸の冠バンド（33ページ）を鉤針で編んでおきます。

材料：薄手の上等の麻布，絹，薄いウール，薄手のリンネル，フランネル。

寸法：１辺が30～50cmの正方形。布の縁を縁縫いするか，場合によったらかがります。

人形のおくるみベッド

　赤ちゃん人形はよく何枚もの布を身にまきつけられているものですが，おくるみベッドにくるまれていると，抱っこして動くのに安定しています。ちょうど小さな荷物を抱える時のような感じで，子どもの腕には抱きごこちがよいようです。そのままカゴやハンモックに寝かせてもよいし，お話を聞く時には，ひざの上に抱きかかえてもよいでしょう。最初のうち，大人もしくは年上の子どもが,ひもを蝶結びにするのを手伝ってあげます。5～6歳児になれば，どうやったら蝶結びができるかに興味をもつようになり，それを見て模倣しながらすぐに自分で蝶結びができるようになります。

材料：綿モスリンかポプリン，薄手の上等の麻布，羊毛（できるだけ綿状羊毛）。
寸法：おくるみベッドの仕上がり　60×22cm。
　　かけカバー　裁断1.32m×24cm。
　　結びベルト仕上がり　長さ60cm，幅1～1.5cm。

　綿モスリンかポプリンの布地で，おくるみベッドを縫い，羊毛をつめて，口を縫いとじます。時がたつにつれて，羊毛が一方にずれて固まったりしないように，ところどころステッチで縫いつけて固定しておきます（68ページの図参照）。
　カバー布として麻布の両端の縁をかがります。カバー

布を，中表にして両端をそろえて折りたたみます。

両脇の縫い目をまち針でとめ，二つの角を丸めに切りとります。

結びベルトを縫って，内側に縫いつけます。両脇を縫いとじ，ちどりがけでかがっておきます。

裏返し，縫い目にアイロンをかけます。

ボタンとボタン穴を図のようにつけます。

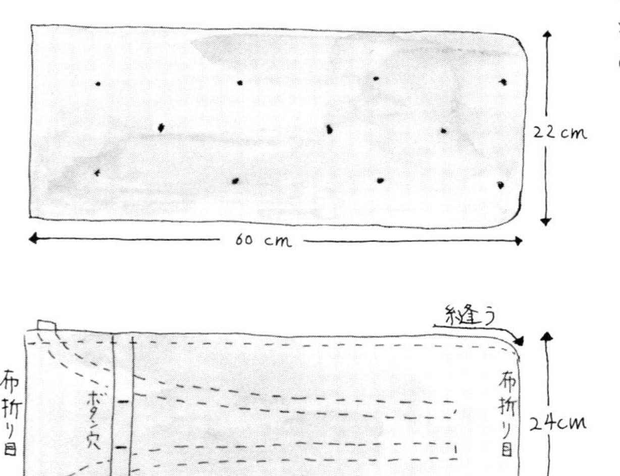

人形の服

5～6歳になると，子どもたちは人形の服を自分で縫い始めます。そのきっかけとなるのは，たいていは大人や年上の子どもたちが縫い物をしている姿です。特に大切なのは，母親が人形の服を縫う時に，たとえば刺しゅうをほどこして時間をかけてつくりあげながら，同時に子どものためにも気を配る時間をもつことです。子どもが縫いたいと思う服の裁断をしてあげ，最初の縫い目を泳ぎ針で数針縫い始めてあげます。子どもは，母親の指の動きを見つめ，指ぬきをどのように使うのか，縫い目

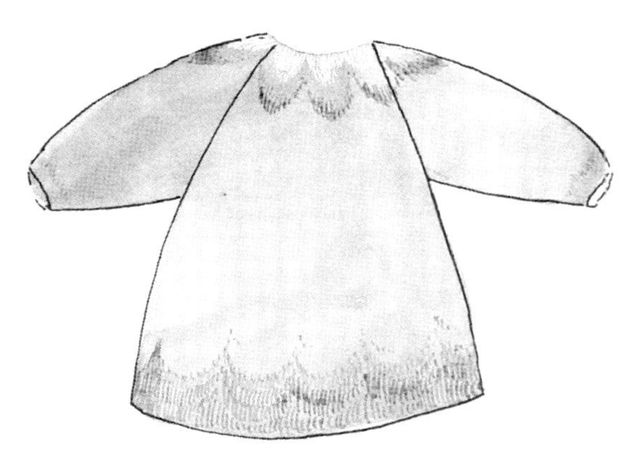

をどのように縫うのか，どのようにして針に糸を通すのか，またボタンをどのように縫いつけるのかを観察し，そのうちに自分でもいっしょに縫いたがるようになります。

人形の服は，非常に簡単に裁断するとよいでしょう。素材としては，薄手の無地のウールや，手ざわりのやわらかい無地の木綿フランネルや上等の麻布が適しています。

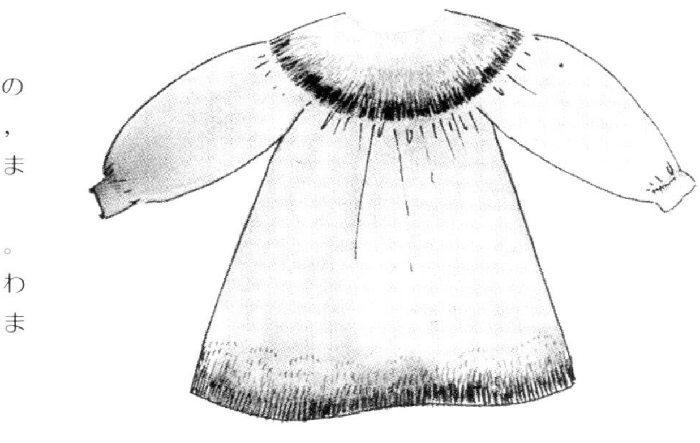

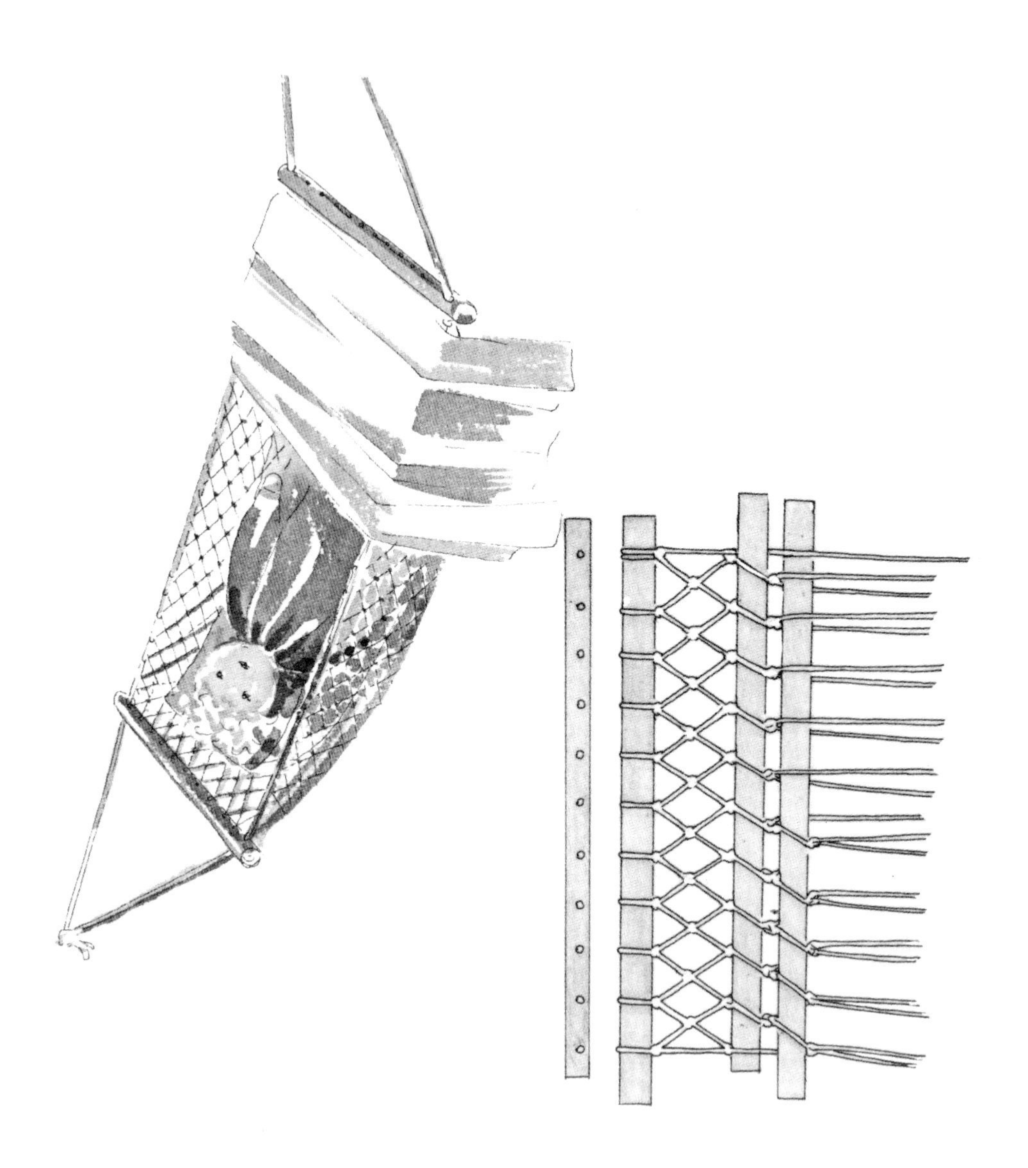

人形用ハンモック

材料：細い荷作りひも約50m分，長さ20cm，幅２cmの合板の板３枚，約40cmの長さの丸木２本，太いひも約3.5m。

合板の板１枚を荷作りひもでつるします。

1.25mの長さの荷作りひも40本を切りそろえます。

２本ずつひもを結び，板にまたがせるようにかけます（結び目の上10cmほどひもを残しておき，あとで丸木に固定する）。板の下側で第一の結び目の手前のひもと第二の結び目の後側のひもを二重結びにします。次に，第二の結び目の前側のひもと第三の結び目の後側のひもというように，順次二重に結んでゆきます。最初と終りにはその都度１本のひもを残しておきますが，このひもは次の段ではじめて結ぶことになります。第１段のひもをすべて結んだら，今度は２枚目の板の下側で同じように結んでゆきます。

２段目が結び終ったら，上の板をはずし，その代わりに目の間に１本の強力なひもを通し，このひもを上につるして，結んだひもをまとめておきます。

この方法で25段結んでゆきます。最後に再び10cmほどひもを残しておきます。

２本の丸木に等間隔でそれぞれ12個の穴をあけます。４本ずつひもを一束にして穴に通し，上側で大きな結び目をつくってとめます（最後のところは３本と５本ずつに分けて穴に通す）。

両端の二つの穴に太いひもを通し，ハンモックをつるせるようにします。このひもをさらに結び目の両はじを通して，ネットの長さよりも短くひっぱります。それによってハンモックはきれいにたるみがでて，人形が落ちないようになります。

細目のやわらかなひもで，ボールのネットのようなハンモックを編むこともできます。

さらにきれいに結び目を仕上げるには網細工にしてもよいでしょう。

おみせ

スーパーマーケットで買物をすませてしまう時代になりましたが，簡単に仕つらえたおみせはとても重要なのです。今日でもなお，時折ではあっても子どもたちは，おみせで順番を待ったり，店員に望みの品物をたずねられたり，欲しい品物をあれこれ持ってきてもらって選んだり，品物を手渡す時やお金を払う時に，「どうぞ」とか「ありがとう」の言葉が交わされるのを体験します。“おみせ”があれば，子どもたちはそうした買物のやり方を模倣できるのです。

部屋の壁ぎわに，大きいスタンド（26ページ）を置き，その上部の桁と壁の桟（さん）とに1枚の布を張りわたして固定し，屋根をつくり，さらにスツールもしくは椅子，それに棚かもう一つスタンドを並べれば，おみせができあがります。おみせには，桃，すもも，杏（あんず）などの果実の種，それにトチの実やどんぐりなどを，それぞれ種類ごとに小さなカゴやザルに入れて並べます。“品物”を木製の小さなシャベルやスプーン，小さなザルや木の小鉢ですくって紙の袋に入れます。

こうしたおみせでは，あげることともらうこと，頼むことと感謝することの基本的な仕ぐさで応じ合います。ここにも私たちは，子どもの年齢が上がるにつれて“共に大きくなる”遊びの領域を見出します。7歳までの各成長段階（13ページ「遊びの発達段階」参照）において，またさらに7歳を過ぎてからも，それぞれ十分に刺激を与えることができるのです。おみせごっこでは，3～4歳までの子どもは，小さなシャベルですくったり，包んだりするのを喜んでいるだけですが，4～5歳児になると，“リンゴ”，“じゃがいも”，“卵”などの商品をたっぷりと用意することが重要になります。6歳以上になると，果物の種をお金に変容させたり，“本物に似せた”レジ台やハカリをこしらえるようになります。6歳以上の子どもでは，“商店”を商品ごとそのままそっくり，外洋航路の汽船や観光バスなどに変容させて楽しんだりします。

それに比べると，本物そっくりにつくられたおもちゃのお金，レジ台，ハカリ，お菓子などは，子どもたちの遊びにそれほどインスピレーションを与えません。

人形の部屋やおみせのための木彫りのシャベル，さじ，小鉢

さじとシャベル

多少とも木彫りの経験がある人なら，こうした木彫り作業は楽しみになります。彫り上げたものは，どれ一つとして同じではないので，子どもたちはそれらを扱う時に生きいきとした感銘を覚えます。

材料：特に適しているのは，白樺，かえでの木，その他，指物師に頼んで切り落した木片をもらうとよいでしょう（硬材は選ばないこと）。

道具：できれば鉋（カンナ）かけ台もしくは小さなねじ万力，彫刻刀，丸のみ，のこぎり，やすり，サンドペーパー。

鉛筆で，さじもしくはシャベルの形（上から見た図）を木片の上側の表面に描きます。木目は，柄と平行して走るようにします。

略図の線の外側を切り落します。ただし，切り落した側面が垂直になるようにし，丸くならないように気をつけます。

側面に，反（そ）りのある形（横から見た図）を描き，その線の外側を垂直に切り落します。

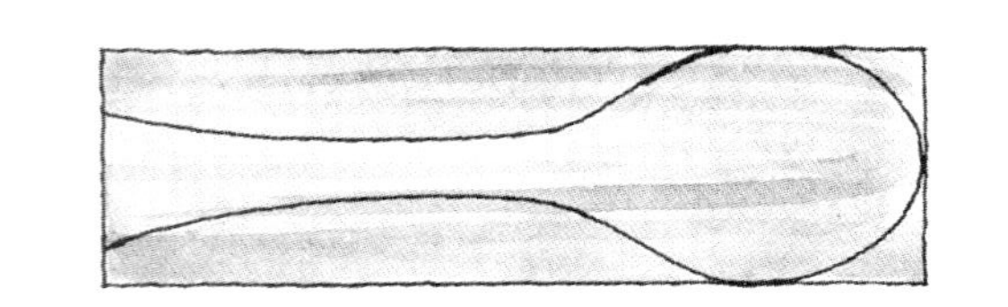

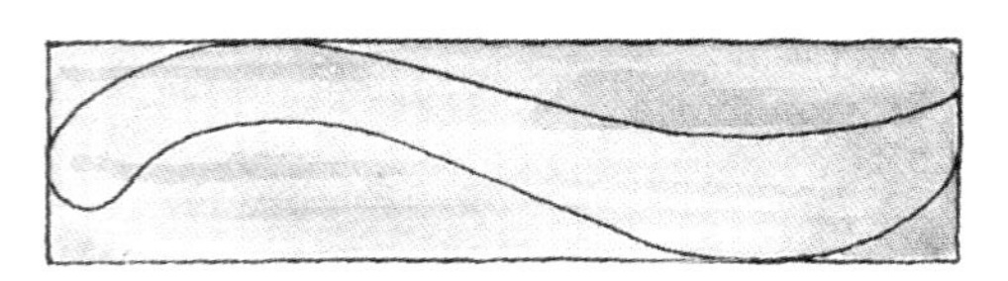

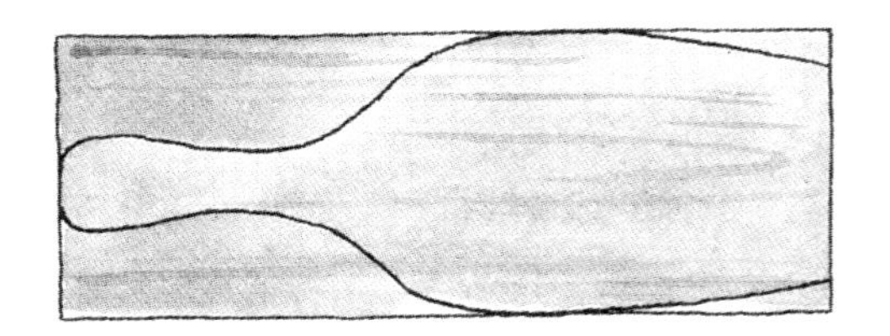

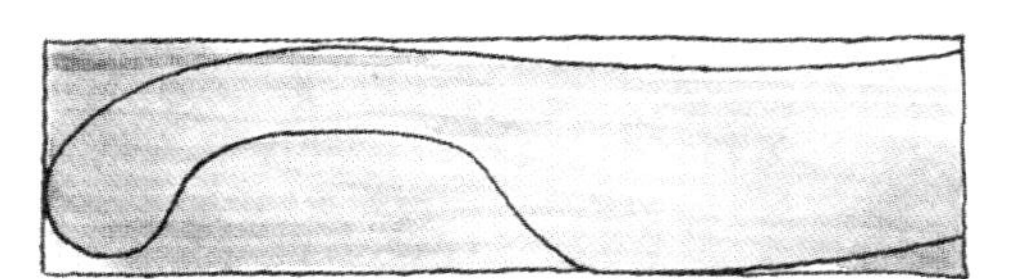

そのあとで，手ざわりがよくなるように稜角に丸みをつけます。

くり抜き面に下絵（図の点線部分）を描き，縁をつけます。矢印の方向に丸のみで注意深く削ってくり抜きます。

作業の途中で，常にあらゆる方向から形を観察し，さわってみてその形のできばえを確認します。

最後に，サンドペーパーでこすって表面をなめらかにし，蜜ろうバルサムをすり込んでつやを出します。

小鉢

望みの形の下絵を木片に線描きし，木目の走る方向に丸のみで削ってくぼみを掘り下げます。縁ができるように気をつけます。

次に，縁の外側を彫刻刀で削り落します。

下側の底になる部分を線描きし，その線まで周囲を丸みをだして削ってゆきます。

最後に，縁の外側が内側より高くなるように縁の平面に傾斜をつけて削ります。

サンドペーパーでこすってから，蜜ろうバルサムをすり込んでつやを出します。

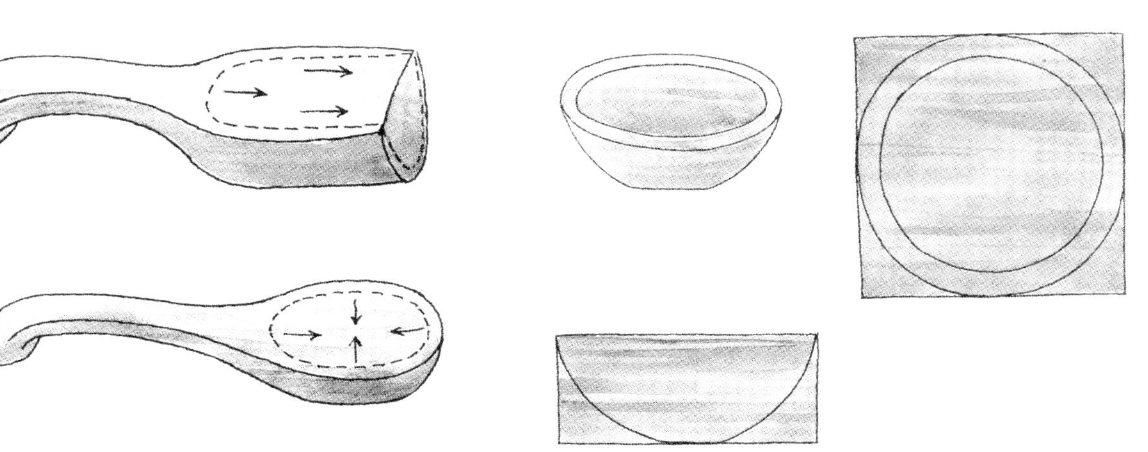

人形小部屋

6～7歳の子どもは，人形小部屋をつくって遊ぶのが大好きです。根気強くなってきているので，長時間，人形小部屋での遊びに夢中になっていられます。この年頃の遊びというと，うちのつくり直しをしたり，新しいうちをつくったり，部屋や庭や家畜小屋や牧草地をつくり足したり，新しい人形や人形の服をこしらえたり，じゅうたんを縫ったり編んだり，ベッド用の枕やカバーを縫ったり，小さな丸太の輪切りや板きれをつかって小さな食器棚をつくり，そこに食器（たとえばトチの実の帽子，貝殻）を並べたり，などなどです。こうした遊びをする時には，子どもたちは広いテーブルを前にしてすわるとか，床の上にしゃがむとか，四方八方に広がっていける場所をえらびます。

子どもたちには材料だけを提供して，工夫のよろこびをもてるようにすることが大切です。完成された模型のおもちゃは，大人には楽しいものでしょうが，子どもたちのためには意識して避けねばなりません。

材料：木工用の板約40×50cm 1 枚，直径約 8 mmの籐芯あるいは柳の枝，上等な白麻のような軽い布地80×100cm。

板のとがった角はのこぎりでひき，気にいった形をつくります。この板の両側に籐芯の太さに合わせて 3 個ずつ穴をあけます。板をサンドペーパーでよくみがき，ワックスをかけます。

アーチとなる 3 本の籐芯（約95cm，90cm，85cm）を切り，両側の穴の中に差し込みます。最も長いアーチが前方にくるようにします。

布地によくアイロンをかけてのばし，前方のアーチに数針縫いつけ固定します。正面側の布地をぐし縫いをして縮めます。

屋根として用いる布は，ただおおいかぶせるだけでもよいのですが，必要があれば，ひもや洗濯バサミで固定したり，結んでおいてもよいでしょう。

他に揃えておくとよいもの：

自然のままの積み木（39ページ），特に枝木，長くて細い枝，半分に短くした枝，小さな布（39ページ），毛糸で編んだ飾りひも（34ページ）。

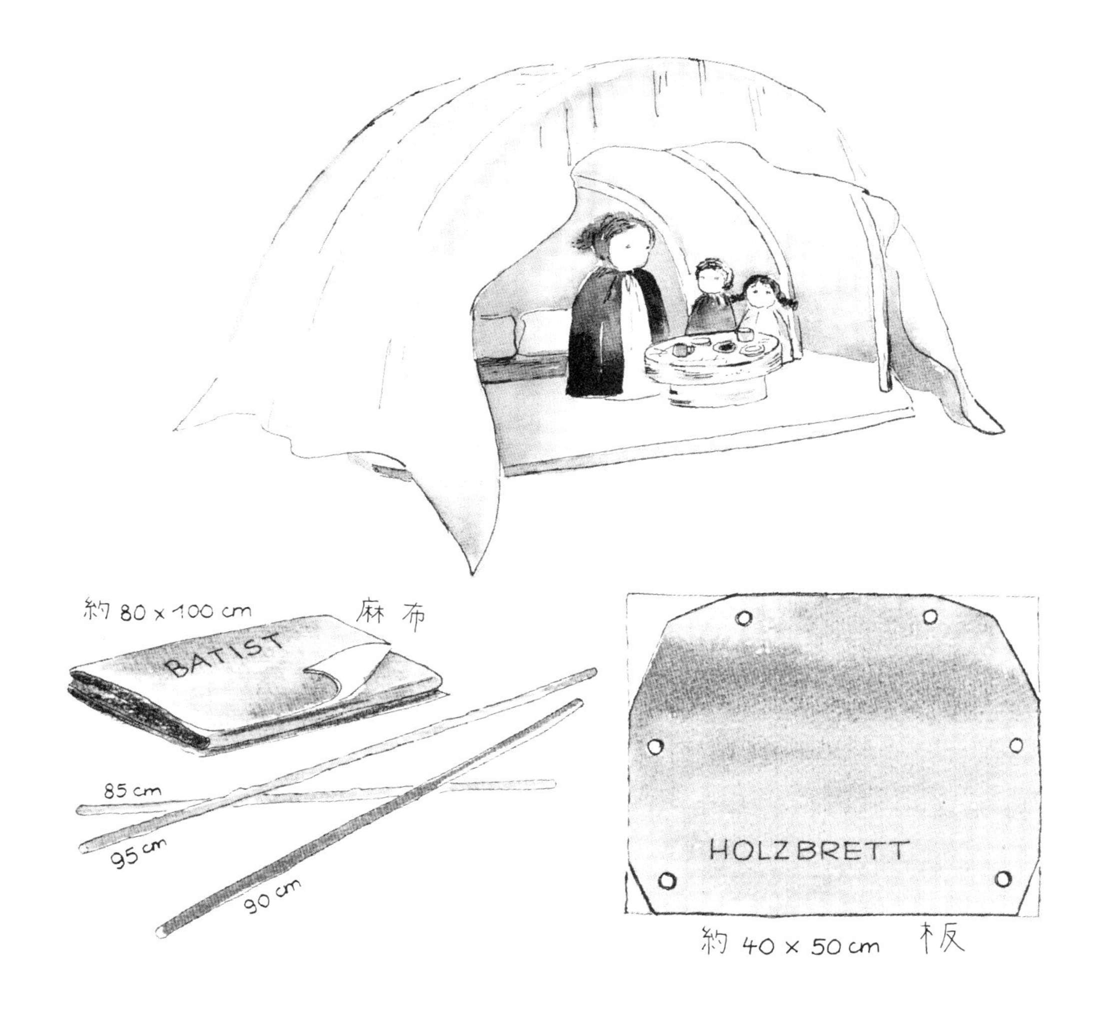
約 80 x 100 cm
麻布
BATIST
85 cm
95 cm
90 cm
HOLZBRETT
約 40 x 50 cm
板

人形小部屋の木彫りの調度品，家具

材料：枝木（白樺，かえで，栗の木など），のこぎり，彫刻刀か小刀，丸のみ，削った表面にぬり込む蜜ろうバルサム。

肘かけつきソファ

長さ約16～18cmの枝木（直径約7～8cm）を，のこぎりで斜めに半分に切ると椅子2脚分になります。丸のみで，座る部分をくぼみになるように削り込みます。縁は，彫刻刀で削って丸みをつけます。

テーブル

直径約7～9cmの枝木を約7cmの長さにのこぎりで切ります。矢印の方向に削り込んで，台脚をつくります。テーブルの平面をサンドペーパーでみがきます。細目の丸太の輪切りの上に薄い丸板をのせてつくるやり方もあります。

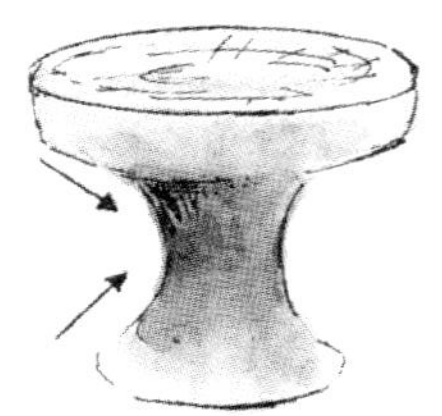

ベッド

直径約8cmの丸材を約12cmの長さにのこぎりでひくか，手おので切り落し，たて半分にします。中を丸のみで削って，くぼみをつけます。縁は小刀で削ります。底面には，少しゆるやかな傾斜をつけます。

これは，船にもなるし，2本の丸太の上にのせると屋根にもなります。

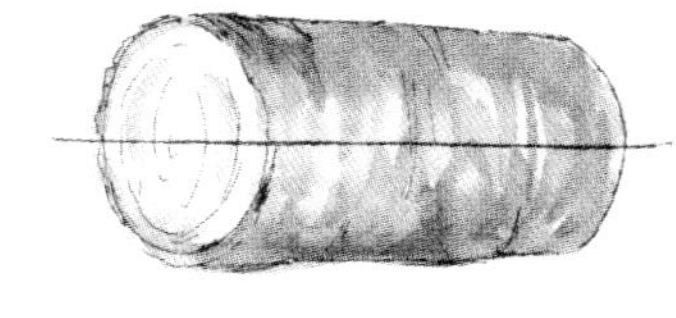

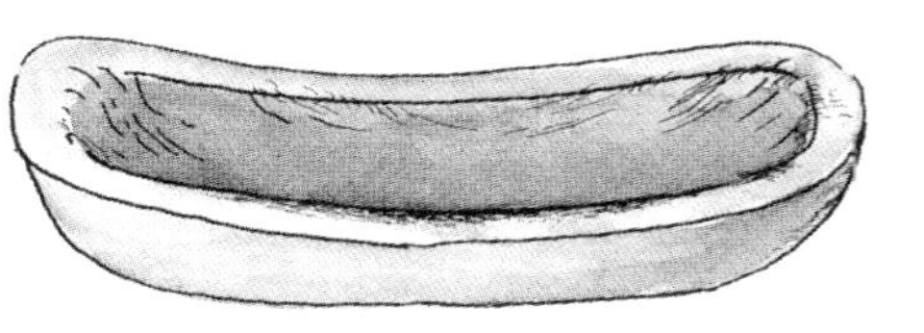

人形小部屋の人形

薄手の布を結んでごく素朴につくった小さな人形に，簡単な上着をはおらせたものでよいでしょう（56ページ「布を結んでつくる人形」,および巻末の参考文献にある『人形遊び』の本を参考にしてつくる)。

また，立ち人形（47ページ）に両腕をつけたものもよいでしょう。

立ち人形の大きさに合わせて軽い布地で袖を縫います（図参照)。折り山の中央に首の穴をあけ，頭部から垂れさがっている布端を差し込み，首の部分で縫いつけます。

立ち人形の胴体のフェルトの両側に切れ目を入れ，この切れ目に袖を通し，フェルトのスカートを首に縫いつけます。袖に羊毛を少々つめ，袖口をぐし縫いで縫い縮め，手を縫いつけます。男性の人形の場合，帽子をかぶせるか，男性用のマントを着せて特徴を出します。

小学生ともなると，自分で小さな人形を毛糸で編めるようになります。ただし，最初のうち，人形のプロポーションや，編み目を増やしたり減らしたり縫い合わせたりするのに手助けが必要です（80ページ「毛糸編みの人形」参照)。縫うのが好きな子どもは，坊主人形や立ち人形を自分でこしらえます。あるいはモールで人形の型をつくり，これに紡いでいない羊毛を巻きつけて，人形をこしらえたりします。

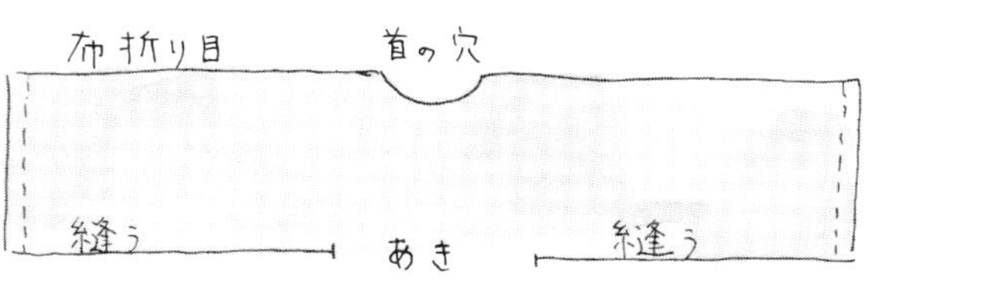

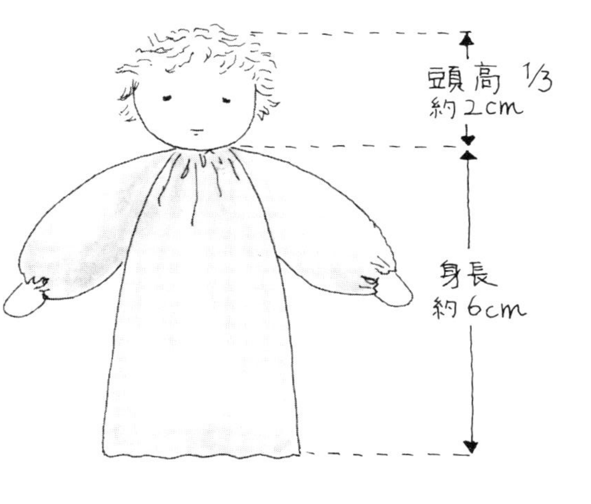

毛糸編みの人形

材料：編み棒２本，色つきの毛糸25ｇ，頭部のための布地，頭髪用の毛糸，中につめるための羊毛。

編み方：ガーター編み。

最初のつくり目は40目，14段目で編み目の中央を２目いっしょに編み，まき目で２目増やし，次の段で返る時に，そのまき目を２目いっしょに編みます。さらに14段編みます。13目引き抜きどめでとめます。普通に14目編み，13目引き抜きどめでとめ，両側に７目ずつつくり目します。そしてガーター編みで編み，16段編んで，14目ずつわけて34段編み，引き抜きどめにします。

縫い合わせはスケッチ図参照。羊毛を中につめます。頭部と両腕は，手足のついた人形（60ページ）と同じような大きさでつくり，縫い合わせます。

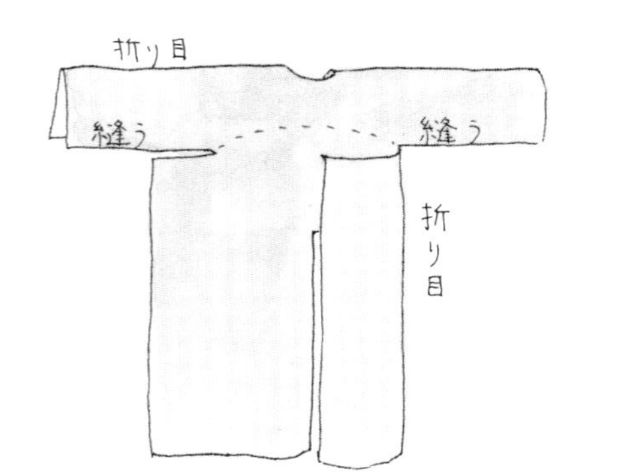

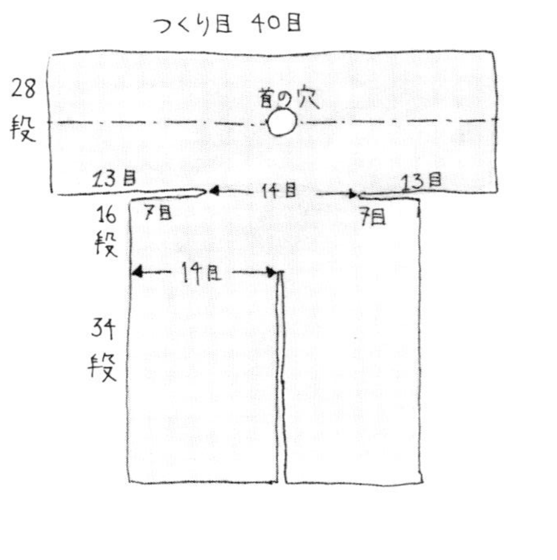

簡単なあやつり人形

兄さん姉さんや，大人がやって見せるあやつり人形芝居を見慣れている5～6歳の子どもたちは，往々にして，自分たちもそれをまねしてやってみたい衝動に駆られます。簡単なあやつり人形がなければ，布を結んでつくった人形（56ページ）の首にひもをくくりつけて，それをあやつり人形にして，お話に合わせてあやつります。次に，毎日使用してもこわれない，がんじょうなあやつり人形のつくり方を紹介します。

材料：軽くて無地のあまりぎれ，毛糸もしくは刺しゅう糸。
紡いでいない羊毛：頭部につめるのは白色，頭髪用として茶色や灰色の羊毛。
衣装の色と種類によって（たとえばヴェール，ストール，マント），個々の人形の特色を出します。たとえば，
王様 ── 金色の衣装に緋色のマント，金の冠
王妃 ── 淡い青あるいはピンクの衣装に青色のマント，金の冠
王子 ── 黄金色の衣装に赤色か金色のストール，冠
王女 ── ピンクの衣装に淡紅色か白のヴェール
老人 ── 青紫色の衣装
老女 ── 赤紫色の衣装，ヴェールつき

淡い色の１枚の布を使って全身をつくり，マント，ストール，ヴェールは，同色の濃い色もしくは別の色の布でつくります。人形の大きさは，必要に応じて変えるとよいでしょう。

よくほぐした羊毛を，長さ約12.5cmの筒状に巻き込み，頭高を５cmとなるようにしばりつけます（82ページ参照）。正方形の布（１辺約40cm）を球形に丸めた頭部にかぶせ，首のところをしばります。頭部から垂れさがった布の対角線上にある角を，首のつけ根から11cmのところで折り込み，手首をしばります。衣装となる前後の布の角は，首のつけ根から17cmの長さにして丸味をつけます。

ぶらさがっている羊毛の筒に糸を軽く巻きつけます。これがあると，人形はヘナヘナとくずれないで，もたれかかって座ることができます。人形を立たせるようにするには，羊毛の筒の長さを首の下15cmにします（82ページ参照）。頭髪は，色つきの羊毛をふんわりとかぶせるように縫いつけます。ストール，ケープ，ヴェールを着せ，場合によったら王冠や頭巾をかぶせます。

頭部には，淡紅色の布をかぶせてもよいでしょう。衣装は，別の布で縫ってもかまいません。たとえば，83ページの裁断図に合わせて袖と身ごろを裁断して縫い合わせます。

袖は，えりぐり（首の穴）もしくは首をしばった部分で縫いつけて固定させます。

袖口を縫い縮め，羊毛を卵形に丸めて，顔と同じ布でくるんでつくった手を縫い込みます。

身ごろのうしろ側の縫い目と肩の縫い目をそれぞれ縫い合わせます。身ごろの両脇に，袖を通すために上から4 cm切り込みを入れます。えりぐりを縫い縮め，首に縫いつけます。布地によっては，身ごろの首から下約4 cmのところを水平にぐし縫いして縮めてタックをとると格好がよくなります。

頭髪とあやつり用の糸を縫いつけます。

あやつり用の糸としては，衣装と同色の毛糸か刺しゅう糸をひも状にないます。頭部の両側の耳の位置のあたりに，糸の両端をできるだけ目立たないように縫いつけます。輪にした糸の長さが頭上25cmになるようにします。

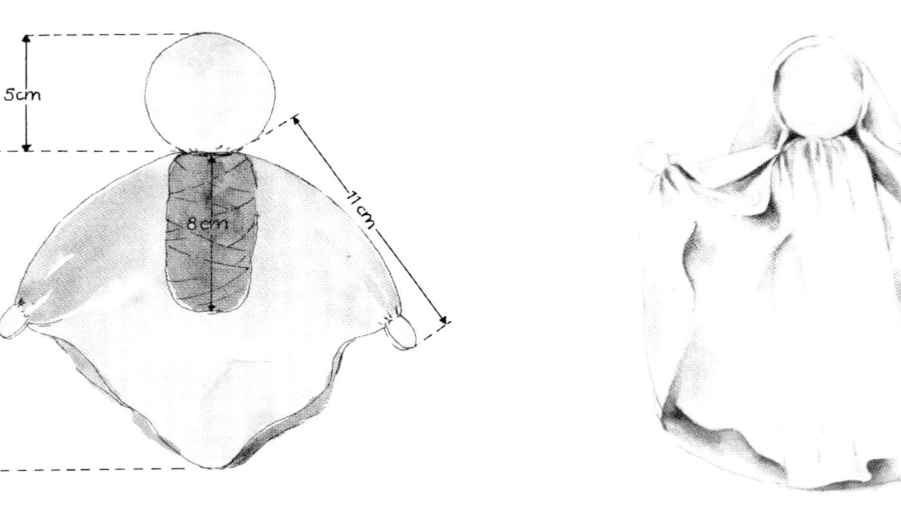

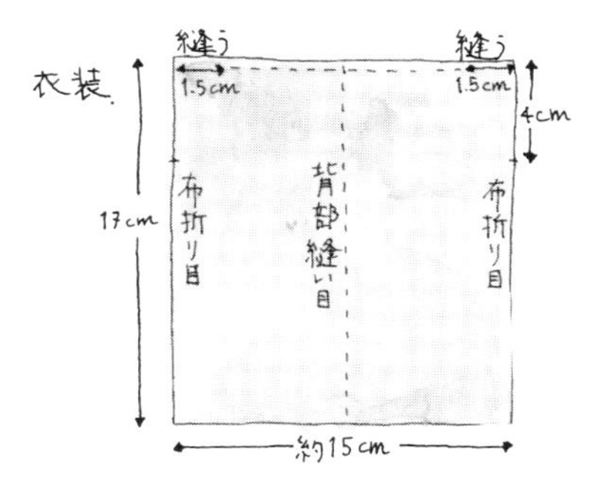
衣装
縫う
縫う
1.5cm
1.5cm
4cm
17cm
布折り目
背部縫い目
布折り目
約15cm

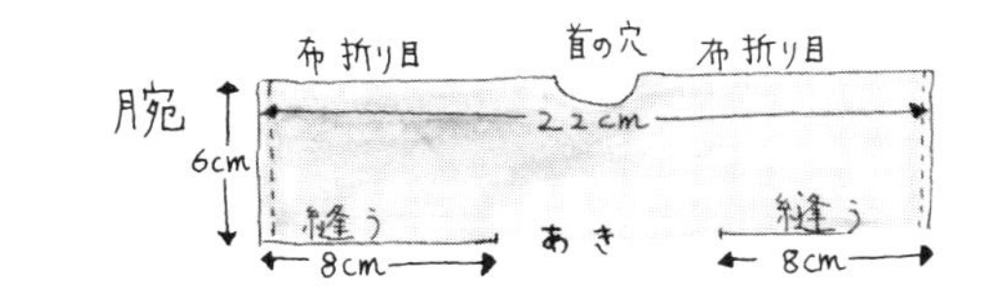
腕
布折り目
首の穴
布折り目
22cm
6cm
縫う
あき
縫う
8cm
8cm

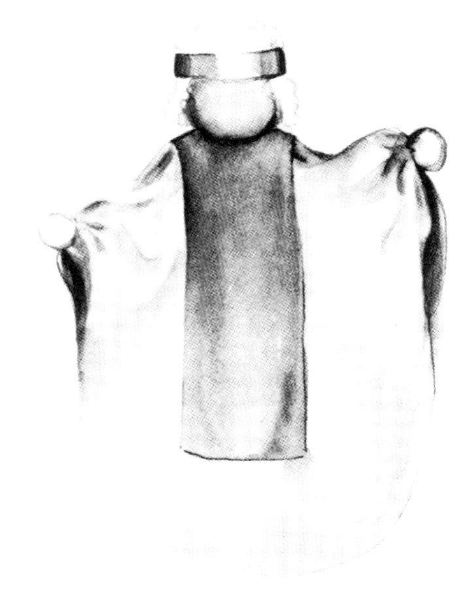

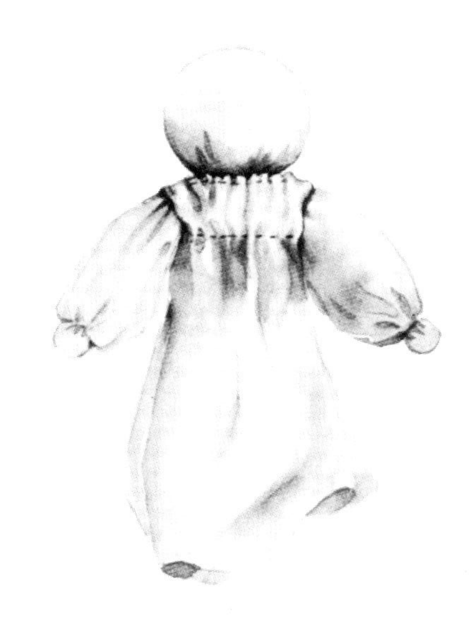

舞台

床の上，幅広のベンチの上，あるいは脚の短いテーブルの上で，場合によったら有色の布でおおった自然のままの積み木を並べて，背景をつくります。大人もしくは子どもが語るお話に合わせて人形をゆっくりとあやつりながら，跳びはねないようにして舞台上を動かしてゆきます（詳しくは巻末の参考文献『人形芝居』参照）。

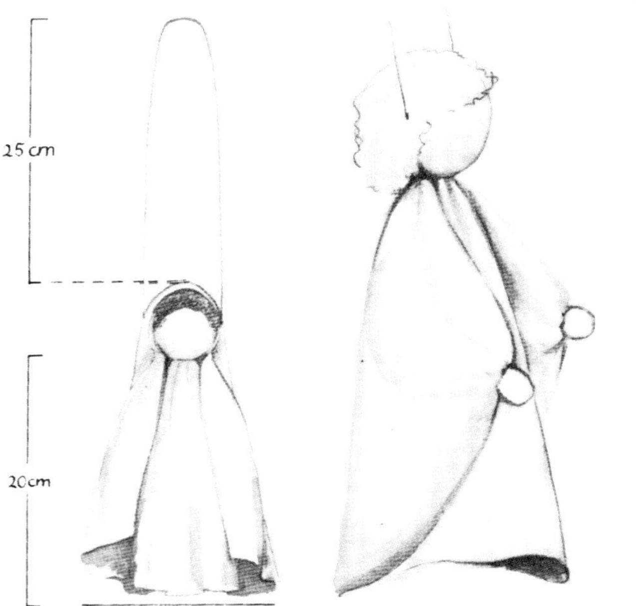

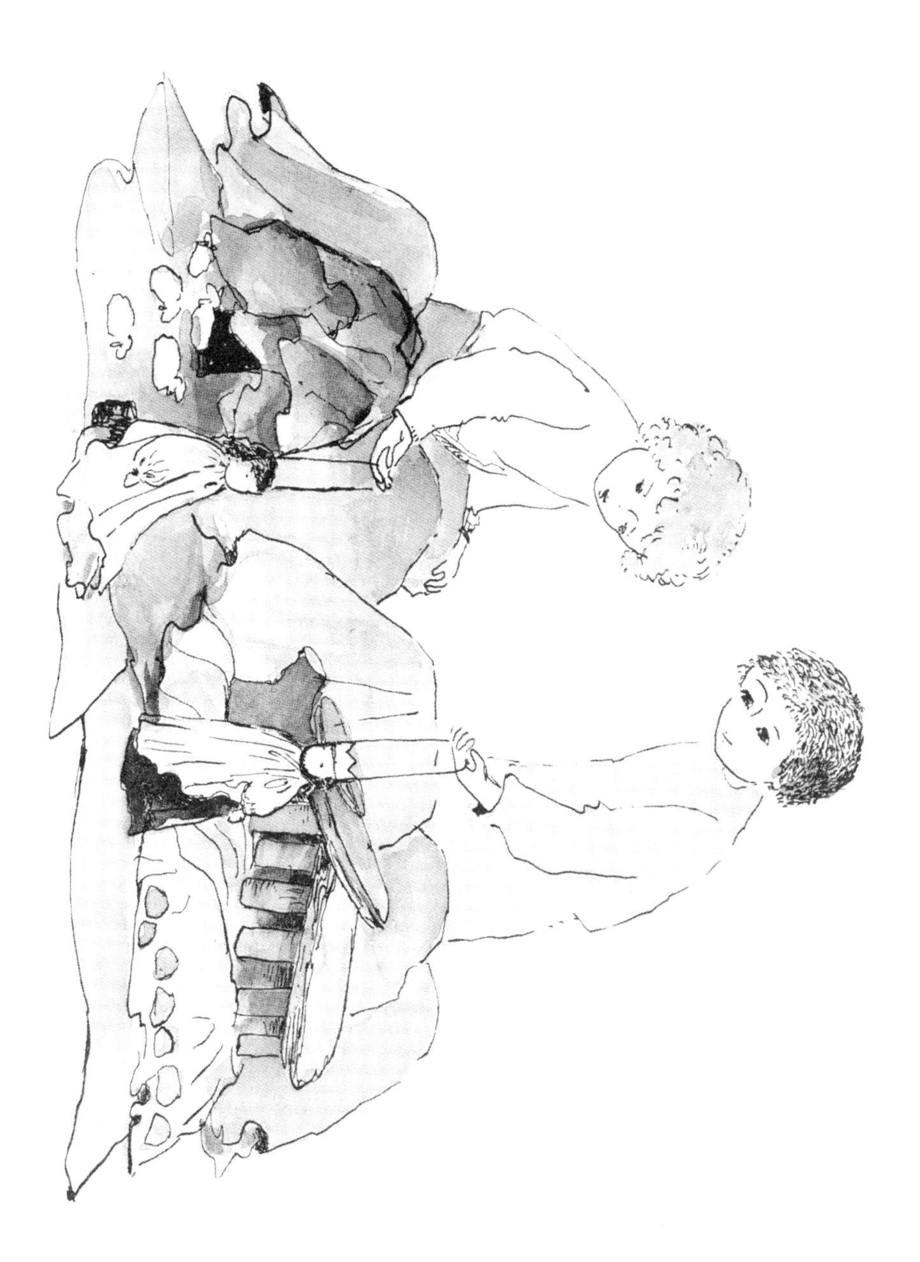

毛糸で編んだ動物

ここに例として紹介するような毛糸編みの動物は，特に5歳以上の子どもに適しています。表象する力が次第に強く目ざめてくると，子どもはそうした動物で上手に遊べるようになります。毛糸編みの動物のために，家畜小屋をつくったり，動物を牧草地に連れていったり，“えさ”や“水”を与えてあげたりします。

おもちゃの動物は十分に小さいものがよく，その性質に応じて，遊びのなかでの役割が与えられます。休暇に郊外の農家に行って動物の日常生活を観察する機会をまだもたない子どもは，それほど動物と遊びたいという衝動に駆られることはありません。そういう子どもも，人形芝居や詩やお話を通して，動物と遊ぶ気が出てきます。子どもにあまりたくさんの動物のおもちゃを与えないよう注意することです。模倣期には，常に人形で遊ぶのが最も大事なことなのです（巻末の参考文献『子どもの尊厳』の中の「子供部屋の人形と動物のおもちゃ」の章参照）。

小羊

材料：編み棒2本，純白の毛糸，ほぐした羊毛。
編み方：ガーター編み。

図にそって小羊の胴体を編みます。3通りの数字は大中・小の羊の大きさを示しています。

○でしるした端の中心のところを半分にたたみ，縫い合わせます。

＊印をつけた個所を a の印まで縫い縮めてくっつけ,そのさい脇に生じた耳を少しタックをとります。

4本の脚をそれぞれ縫い合わせ，最後に腹部の縫い目をとじます。

できあがった小羊の身ごろに羊毛を上手につめます。

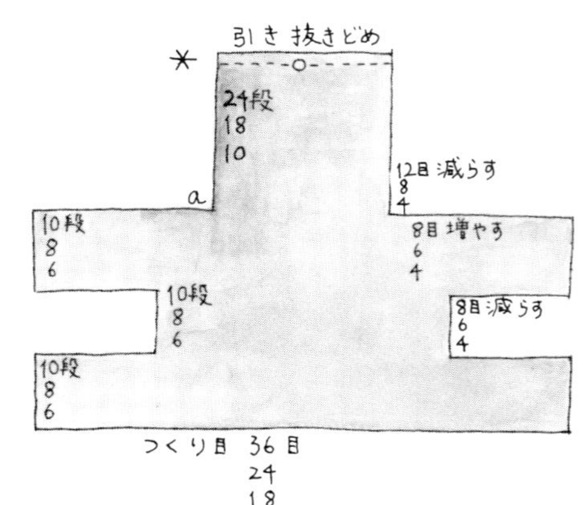

左手で形をつくりながら右手でつめてゆきます。後部にある羊毛をつめるための穴をとじます。

脚が折れずにしっかり立つように，腹部につめた羊毛の奥まで達するようにそれぞれ羊毛を固く巻いて脚をつくり（そのために，羊毛をハサミに巻きつけて，あとでハサミをひきぬくとよい），つっこみます。

頭と腹部には，あまりたくさんの羊毛をつめすぎてかたくしないようにします。右手で羊毛をつめてゆきながら，左手で形をととのえてゆきます。

鉤針で編んだくさり編み，あるいはくさり編みを引き抜き編みしてつくったひもを尻尾として縫いつけます。

馬

材料：胴体用の毛糸約20ｇ，たてがみとしっぽ用の毛糸約２ｍ，中につめる羊毛約20ｇ，編み棒２本。

編み方：ガーター編み。

胴体：40目のつくり目ではじめ，12段編みます。両端11目減らし目，そして14段編みます。両端に11目つくり目をつくります。１段編んでから３段目の20目を編んだところで，一度に11目つくり目をつくります。そして残りの20目を編みつづけると，そこに穴ができます。。

次に，１段その上を編み通します。まん中の目，端から26目の前と後，１目ずつ増やします。これを１段おきに４回してゆきます。12段編んだら，前足のために両端

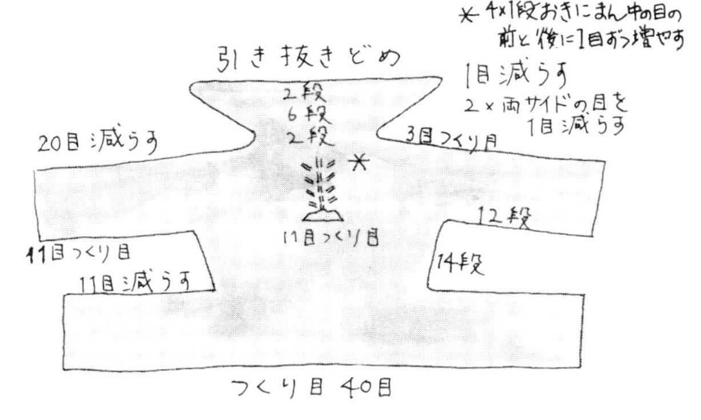

を20目減らします。残った19目は１段編みます。

両端を３目つくり，１段編んで両端を１段おきに二度，１目ずつ増やしてゆきます。６段編んだら，次の段は両端とも１目減らします。そしてとじます。

耳：５目つくり目，10段編みます。そして目がなくなるまで１段おきに２つ目と３つ目を一度に編んでゆきます。

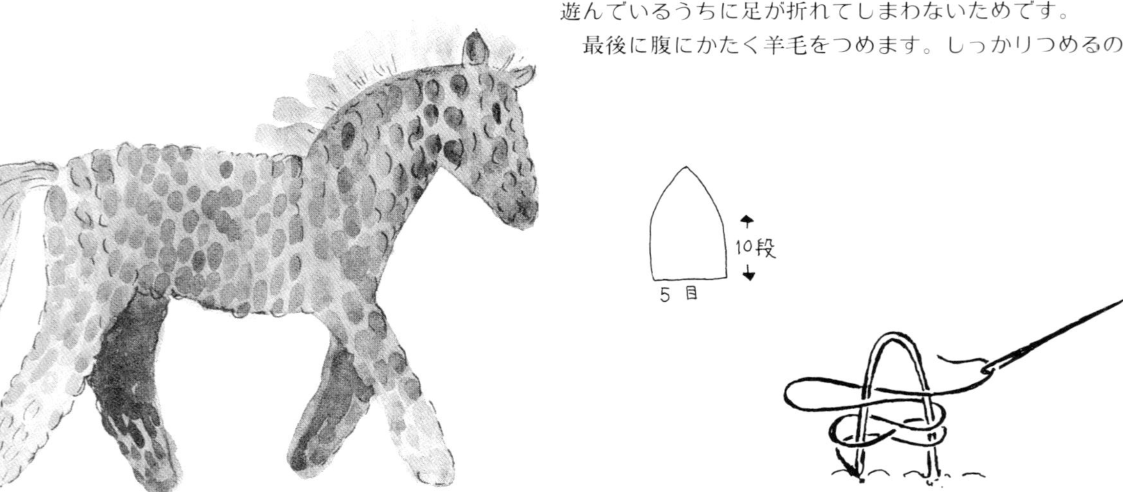

耳はまた，直接頭の上に巻くようにして編みつけていってもかまいません。輪をつくり，下から上へ図のように巻きつけてゆき，耳の先はとがるようにします。

首の穴をまずとじてから，頭，足，腹の順序で外側からとじてゆきます。後部は，ここから羊毛をつめてゆく穴として開けておきます。頭と首はあまりきつくつめないようにします。

足のためには，ハサミのまわりにきつく羊毛を巻きつけ，ハサミが動かなくなるまで巻けたら，ハサミをとりだし，そこにかたい棒を突っ込んで足にします。この棒は腹のなかまでつきとおす長さでなければなりません。遊んでいるうちに足が折れてしまわないためです。

最後に腹にかたく羊毛をつめます。しっかりつめるの

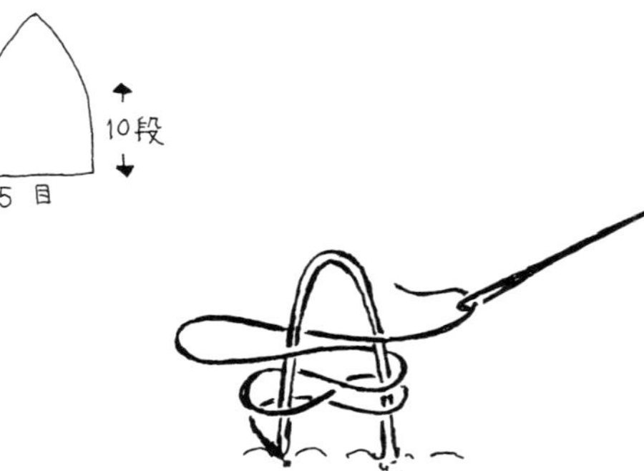

は，子どもは常に馬の腹をつかんで遊ぶからです。

繊細な感情と，特に左手の器用さが，羊毛をつめるのには必要です。４本の足がまっすぐ地面に立つか，気をつけましょう。

腹の後部をつめ終えたら，しっぽの穴をとじます。

たてがみ：a）首の下から上へむけて，針で刺してゆきます。針を刺して，終りの糸をそのまま残し，もう一度同じように刺します。それをくりかえして，最後にたてがみの長さに切ります。

b）一つの側にのみさし，それを２列か３列にならべてゆきます。すると高く立ったたてがみができます。

しっぽ：手に毛糸を巻きつけ，その巻き糸を縫いつけます。下方を切りそろえます。

ニワトリ

材料：胴体のための白もしくは黄味がかった毛糸，とさかのための赤色の毛糸，中につめる紡いでいない羊毛，編み棒２本。

編み方：ガーター編み。

たとえば16目で正方形に編みます。三角形に折ります。片側を縫って，とじ，羊毛をつめます。そして残りの側をとじます。中央の下よりぐし縫いして，背部を縮めることにより，典型的なニワトリの形ができあがります。赤い毛糸でまつ編みでとさかをつくり，さらに首のところを数針縫います。

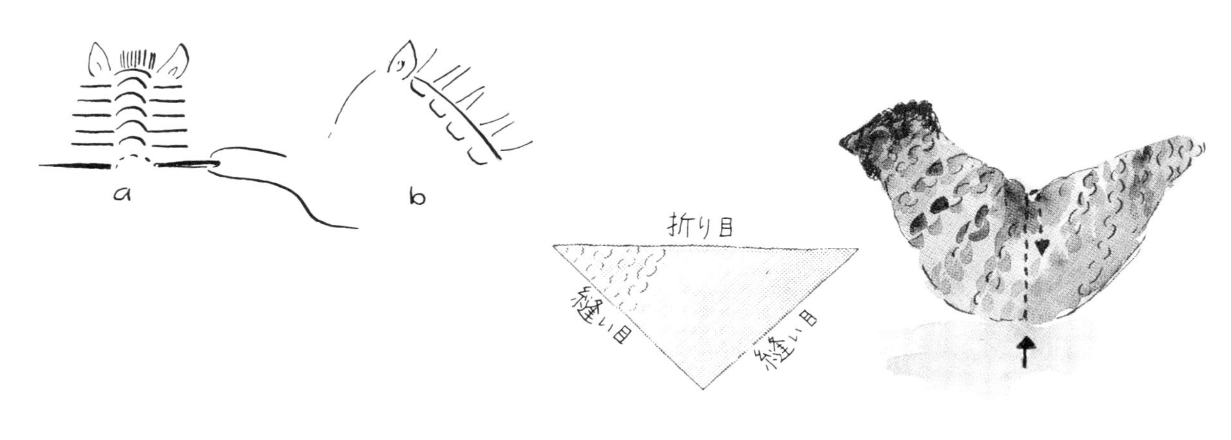

子豚

材料：桃色の毛糸，紡いでいない羊毛，編み棒２本。
編み方：ガーター編み。

36目をつくり，12段編みます。
両側を５目減らし，再び12段編みます。
両側を５目増やし，再び12段編みます。
両側を７目減らし，４段編みます。
次の６段のまん中の目を２目１つ編みにしてゆきます。
１段を減らさずに編み通します。次の段から再びまん中の目を，２目１つ編みにしてゆきます。そして，最後の６目をとじます。

耳：５目つくり，９段編みます。
それから，２番目と３番目の目を２目１つ編みにして最後まで編んでゆきます。頭につけます。
胴体に羊毛をつめて形をととのえます。
子豚の縮れたしっぽを毛糸でつくり，縫いつけます。

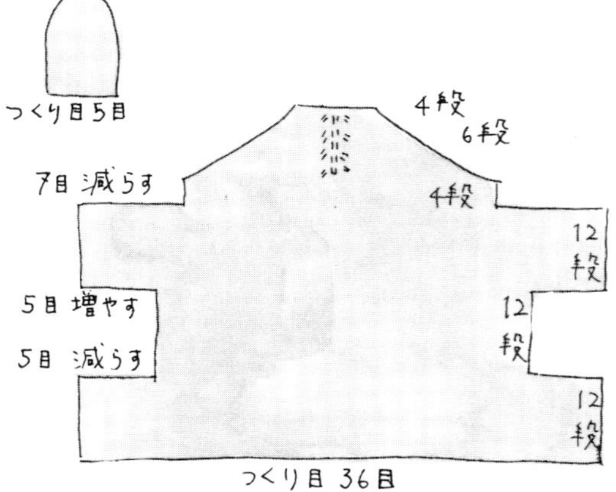

ネコ

材料：毛糸（灰色がかった銀色，白またはベージュ），編み棒２本，紡いでいない羊毛。
編み方：ガーター編み。

16目をつくり，正方形よりやや短か目の四角形を編みます。

それぞれの角に袋をつくるように縫い，脚をつくります。羊毛を全身につめ，腹部を縫いとじます。
頭：７目をつくり，約20段編みます。ちょうど正方形が二つできるようにします。半分に折り，羊毛をつめます。そして，下の方にギャザーをよせ，頭が丸くよい形になるように縫います。小さな耳を縫い出します。頭を肩につけます。
しっぽ：３目をつくり，20段編みます。細長く二つ折りにしてとじ，縫いつけます。

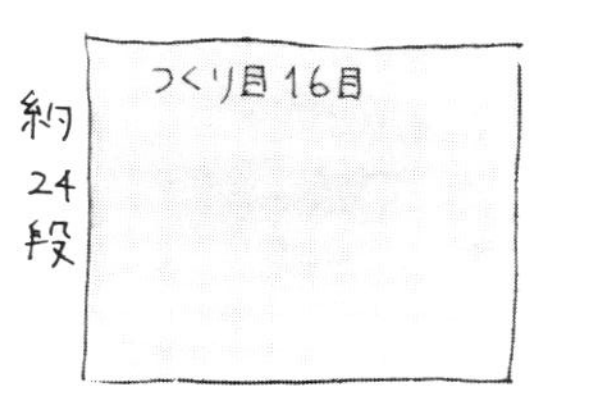

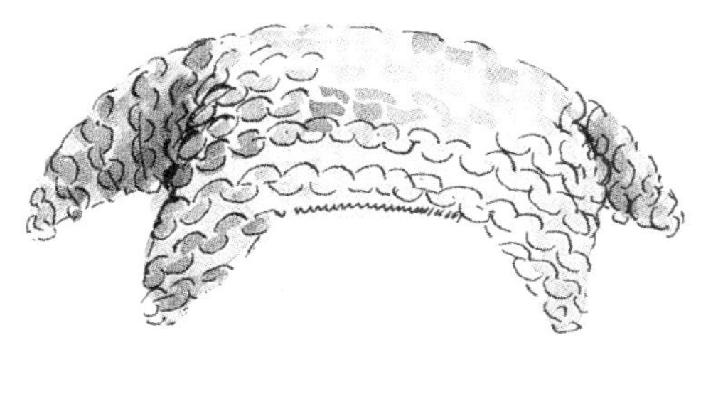

ロバ

材料：灰色の毛糸，たてがみ用に濃い灰色の毛糸，編み棒２本。
編み方：ガーター編み。

40目つくり，12段編みます。そして，両端を11目減らします。

14段編みます。そして，両端を11目増やし，まん中の目を２段ごとに２目ずつ増やして（７回全部で54目になるまで），前脚のために12段編みます。

両端を16目減らします。次の段で，まん中の目を２目ずつ増やします。次の段の両端を２目ずつ減らします。次の段は，両端を１目ずつ減らします。次の段，両端を３目増やします。次の段，両端を２目増やし，４段編みます。次に，両端２目を一つに編み，とじます。

耳：５目つくり，14段編みます。そして，最後に２目と３目をいっしょに編み，とじて羊毛をつめます（「馬」参照）。濃い灰色の毛糸で，「馬」の(b)で説明したようにたてがみを刺してゆきます。しっぽは，３本毛糸を並べて編んでまわりに毛糸を巻きつけ，その先に“ふさ”を縫いつけます。

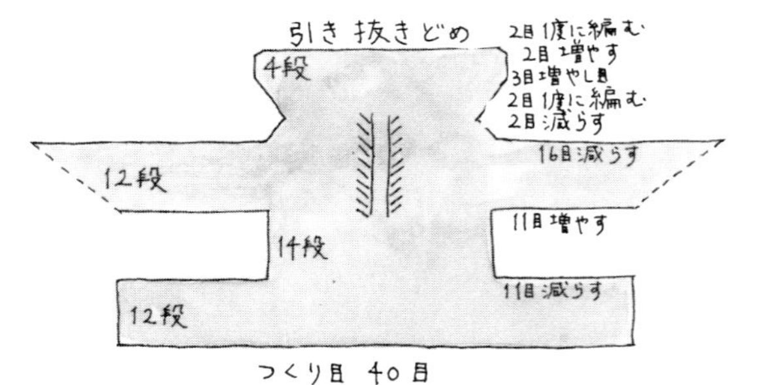

かも

材料：やわらかい毛糸，２本の編み棒。
編み方：ガーター編み。

胴体：30目をつくります。20段編み，とじます。二つ折りにし，下と後部をとじます。この時，角が丸くなるように注意します。羊毛をつめ，胸のところを左手で形をととのえながらとじます。

頭：16目をつくります。12段編み，とじます。二つ折りにし，両側をとじ，羊毛を入れます。そして，残ったところをとじます。そのさい，頭が卵形になるように気をつけます。頭を胴体に縫いつけます。
くちばし：適当な部位に２本の毛糸を輪にして縫いつけ，このひもの中が全部うまるように編み込んでゆきます。
目：２，３目刺しゅうします。

とんぼ返り小法師

たとえば，子どもが病気の時，何らかの待ち時間を過ごさねばならない時など，特別な折には，とんぼ返り小法師は好ましい気晴らしと喜びを与えてくれます。とんぼ返りさせる平面としては，斜めにおいたアイロン台，小さなテーブル，簡単な板きれを使うとよいでしょう。平面があまりすべすべしすぎている場合には，その上に布か毛布をかけます。

材料：フェルト，ガラス球（直径２～2.5cm），紙タオルもしくはトイレットペーパーの芯の筒（厚紙の円筒），あまりぎれ，のり。

小法師の服は，フェルトで同じ型を２枚裁断します。両手と場合によったら両足も，共布のフェルトで裁断するか，染色していないフェルトで別に裁断します。

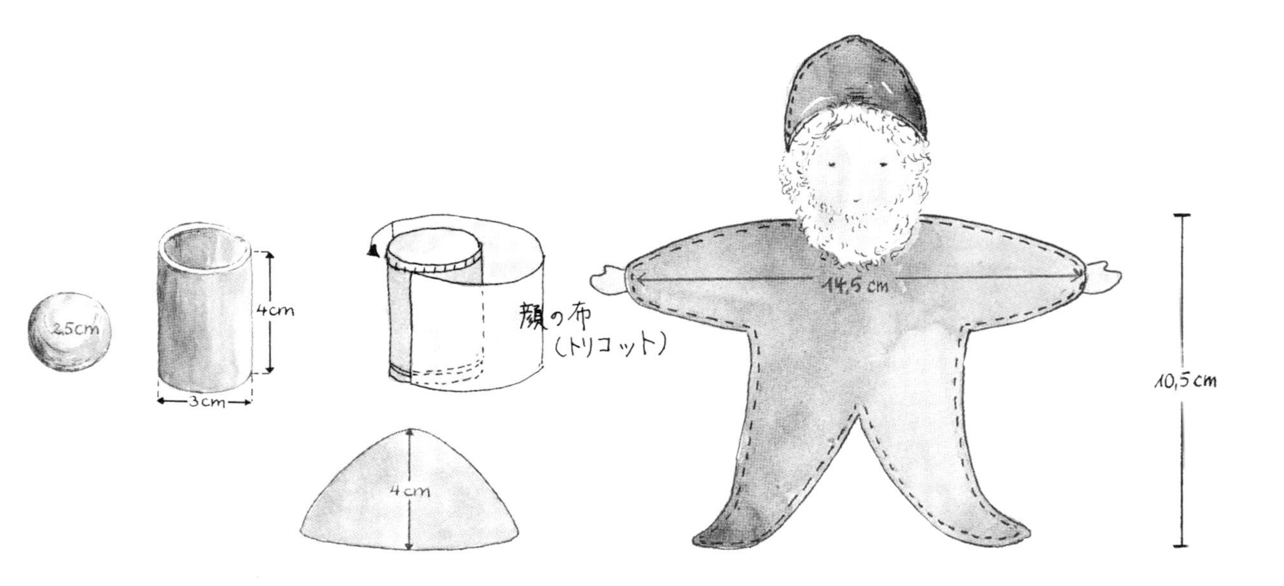

裁断した２枚の型を表に縫い目を出して泳ぎ針で縫い合わせます。縫い糸は，フェルトの色と同色にします。両手と場合によったら両足も，所定の位置に縫いつけます。

厚紙の円筒（直径３cm）を，ガラス球の直径の約1.5倍の長さに切ります。たとえば，ガラス球の直径が2.5cmなら，筒の長さは3.75cmになります。

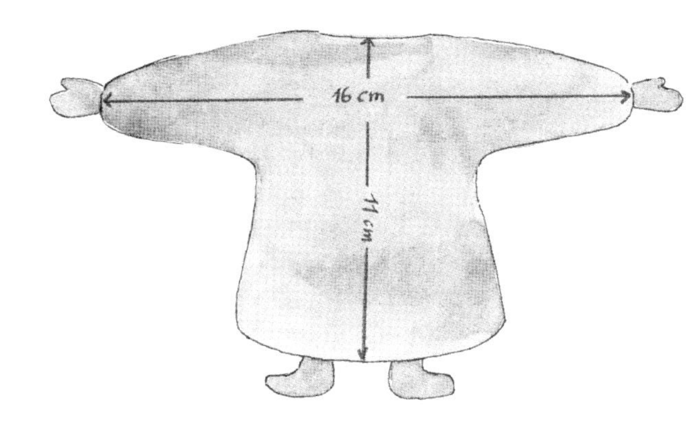

ガラス球を筒の中に入れ，両端に布をかぶせてはりつけます（はりつける部分は狭くする)。

筒に顔用のトリコットもしくは染色していないフェルトをかぶせるようにはりつけます。

頭部を服のえりぐりに差し込んではりつけます。

頭髪とひげは，色のついた羊毛をはりつけます。

帽子をつくりたい人は，とんぼ返りの妨げとならないようにあまり大きく縫い上げないように注意します。

目と口は，鉛筆で軽くつけます。

添え書き

木製のおもちゃの手入れと洗浄

削ったり，サンドペーパーでみがいた後，蜜ろうバルサムや亜麻仁油のニスをぬり込んでおいた木製のおもちゃは，時々簡単に洗っておくとよいでしょう。汚れは，表面に付着しているだけです。

洗浄に必要なもの：

100パーセント混りけのない蜜ろう
純良なテルペンティン（松脂精）
白のあまりぎれ
ウールの布
電気コンロ

湯煎なべに少量の蜜ろうを入れて溶かします（煮たてないこと）。大さじ約5杯に数滴（約小さじ半分）の割合でテルペンティンを入れます。汚れた表面を，熱くした電気コンロの上にかざします。同様に，蜜ろう混合液をしみこませた白い布きれもかざします。

熱によって，木の表面に付着している古い蜜ろうが溶け，汚れを遊離させます。そこで，暖めた蜜ろうのしみ込んだ布きれでふくと，汚れは布きれにつき，同時に木の表面に蜜ろうがぬられます。蜜ろうの層は，息を吐きかけた程度に薄くするよう特に注意します。さもないと木がベタベタしてきます。場合によったら，もう一度電気コンロにかざして，きれいな布きれでふきます。

さましてから，ウールの布でこすって，つやを出します。

加工していない羊毛の取り扱い

羊毛のほぐし方

自然のままの梳（す）いていない羊毛は，つめたり，遊びに使用する前に，よくほぐさなくてはなりません。ただし，ほぐすというのは，バラバラに引き裂くことではありません。山になっている羊毛から，ほぼ両手いっぱいの羊毛を取り出し，指先でていねいに厚くなっているところをつまみ出すようにほぐします。ほぐした羊毛は，かたまりのままであっても，ガサが増えてヴェールかやわらかい雲のようにふんわりとやわらかくなります。このようにして，次々にふんわりした羊毛のかたまりをつくって，山のように重ねると，子どもたちは喜んでその中に手をつっこみます。

ほぐした羊毛なら，小さな人形や動物が見事に形づくれます（巻末の参考文献『人形芝居』参照）。それに弾力性があり，硬い部分がないので，頭部につめ込むにしても，形づくるにしても容易です。

羊毛をほぐすには，たっぷり時間をかけねばなりません。ほぐしている時の落ち着いた根気のある雰囲気が広がると，ほぐしている当の本人だけでなく，そばにいる子どもたちもおだやかな安らぎのある気分になります。年齢が上がるにつれて，子どもたちは多少とも長い時間ほぐすのをいっしょに手伝ったり，遊んだり，形づくったりできるようになります。

ひんぱんに，それも多量の羊毛を必要とする人は，梳き刷毛で梳いてもよいでしょう。そばにいる子どもたちは，手でほぐす時ほど満足感は得られませんが，仕事は手っとり早くすみます。

草木染めの羊毛(メルヘン・ボレ)の押し絵

5～6歳以上の子どもたちには，モルトン布，フェルト，もしくはウールの布 ── できれば純白か青色がよい ── を壁にはりつけて固定し，その表面に染色した羊毛で絵を形づくってゆくとよいでしょう。メルヘン・ボレは，特にやわらかくこまかにほぐしたものがよく，それを布に押しつけてはってゆきます。最初のうち，子どもたちは大人の手助けを必要とします。大人は，根気よく，時間をかけていっしょに羊毛を少しずつ押しつけてゆきます。大人が，日数を置いてひとりで何度かお手本をつくって見せているうちに，子どもたちは，突然，自分でそうした絵をつくり上げたい衝動に駆られるようになります。

たとえば，家の輪郭を線で表現するより，メルヘン・ボレを平らに押しつけてゆきます。子どもたちも，それをまねて同じように仕上げます。この作業は，特に冬期に適しています。

訳者あとがき

自分の家の前の道路で遊ぶ子どもの姿がなくなってから，何年になるでしょう。大きな円をつづけて描いて石けりをするのに，街かどの道路はほんとうに丁度よかったのです。ちょっとした露地裏では，手をつないで往ったり来たりして遊ぶ，花いちもんめなどの子どもたちの歌声が，よくひびいていたものです。たんぽぽやれんげ草の咲く野原も近くにかならずあり，おままごとのおそうざいはどこにでもありました。そして，家のなかでは大人たちがお仕事に精を出していました。

道路を歩きますと，畳屋さんがあって，一心に針をもって畳をつくっている姿がありました。ほかにも，桶をつくる桶屋さん，鍛冶屋さん，下駄屋さん，などなど，子どもたちのすぐそばに，大人が一生懸命働く姿がありました。テレビはありませんでしたが，子どもたちはそういう大人たちの動く手先をじっと見つめていたものです。

いま，道路には車があふれ，ほんの小さな空地も駐車場や店舗に利用されています。職人さんのおみせは，大きな建設会社にとりこまれ，玄関の格子戸やしきいを，ていねいに空ぶきしていたお母さんは，パートに行っています。このように，子どもをとり囲む環境がまったく違ってしまってから，まだ40年もたっていないのです。

ござやむしろをしいて，野の花をつんで，おままごとをした思い出をもつ若いお母さんの数も，しだいに減ってきているようです。そして確実に，この子どもの頃の遊びの思い出をもつ大人の数の減少と反比例して，登校拒否，家庭内暴力，いじめなどの教育の問題が増加してきているのではないでしょうか。

この本は大きく二部からなっています。前半は，自由な遊びと生活がどんなに幼児の人格形成，身体形成に大切なものであるか，それに対して大人はどのようにかかわっていけばよいのかが具体的に講じられています。後半はおもちゃの手づくり篇です。

本書の全体を通じて，フライヤ・ヤフケ先生は，現在失われてしまっている幼児の育つ環境を，いま再びとりもどすにはどうしたらよいのかを，長年の経験をもとに具体的に提案しているのです。本書は，いわば実践例を具体的に示した幼児教育論ともいえましょう。

本書の著者フライヤ・ヤフケ先生は，御自身幼少の頃からシュタイナー学校の教育をうけた方です。『七歳までの人間教育』（フレーベル館刊）の著者グルネリウス先生に直接師事されたのち,ずーっとシュトゥットガルト近郊のロイトリンゲンの幼稚園で保育をなさっていらっしゃいます。シュタイナー幼稚園教員養成所でも教えていらっしゃいますが，保育が終って,午後出かけて授業なさるのです。ルドルフ・シュタイナーの人智学と教育学を，徹底的に現場で，実際に，体現しておられる方です。アメリカ，スウェーデンのシュタイナー幼稚園の教員の指導にも当たられ，日本にもいらしてくださっています。

私はかつて，ヤフケ先生の幼稚園で実習させていただいていた時，子どもたちの夢みるファンタジーの豊かさ，遊びの創造性に，まず驚嘆したものでした。日本の幼稚園に帰ってきてみると，正直のところ，あまりに違いすぎてどうしてよいのかわからないくらい，保育室も，子どもの遊びも，あまりに貧しく，距離がありすぎました。民族の違いで，不可能かとも考えたこともありました。

1980年に，この本の初版本をまず訳してみました。そして少しずつ，手づくりのおもちゃを先生たちとつくってゆき，保育室も保育も，シュタイナー教育になってきたところです。すると不思議なことに，子どもたちの遊びが変ってきました。子どもも子どもらしい子どもになり，ヤフケ先生のところの子どもにもまけないほど，創造的で豊かな遊びができるようになってきました。

いま，私はキューゲルゲン博士の“子どもの国”には国境がなく，万国共通であり，その国の言葉もインターナショナルであるという言葉に，まったく同感しています。

この書を読まれた方で，子どもとのかかわり方をまったく新しい目で見つめなおさねばならないとお思いになった方もあるかと思います。子どもの遊びが生きいきと喜びとファンタジーにみたされるのは，大人自身の勝手な想いがもっとも控えられた時……という箇所は，考えさせられます。

この本は1985年にドイツで改訂版がでたのですが，いろいろな事情で日本語版の出版に大変時間がかかりました。それだけに，このように清重伸之さんの夢のある美しい装丁で出版のはこびになったことをほんとうに嬉しく思います。出版をひきうけてくださった地湧社の増田正雄氏，浅海邦夫氏，ていねいに編集をしてくださった大沢恒夫さん，読者の身になって自分でつくってみてこまかくチェックしてくださった松澤好子さんに，心から感謝をささげたいと思います。後半の手づくり篇の図のいくつかは小田切美帆さんが描いてくださいました。有り難うございました。また前半の方を読みやすくなるよう翻訳に手を加えてくれた高橋明男に深く礼を言います。

そして，ともすればひるみがちの私に，この書にのっている手づくりおもちゃで日々楽しく遊んでくれて，喜びと勇気と励ましを与えつづけてくれた幼稚園の大勢の幼い子たちと，そして私とともに歩んでくれ，手づくりおもちゃをつくってくれた幼稚園の先生方に，心から有り難うと言いたいと思います。

1988年12月１日

高橋弘子

参考文献

R. シュタイナー：霊学の観点からみた子供の教育．高橋巖訳，筑摩書房．

R. シュタイナー：教育の基礎としての一般人間学．高橋巖訳，筑摩書房．

グルネリウス：七歳までの人間教育．高橋巖・弘子訳，フレーベル館．

R. シュタイナー：メルヘン論．高橋弘子訳，水声社．

W. ケーベル，M. グレッケラー：小児科診察室――シュタイナー教育・医学からの子育て読本．小児科診察室研究会監修，水声社．

F. ヤフケ：幼児のための人形劇――シュタイナー幼稚園教材集．高橋弘子訳，フレーベル館．

S. ケーニッヒ：幼児のためのメルヘン．高橋弘子訳，水声社．

B. ツァーリンゲン：ハンスとリンゴの種，高橋弘子訳，水声社．

F. ヤフケ：シュタイナー幼稚園の遊びと手仕事――生きる力を育む７歳までの教育．高橋弘子監訳，井出芳弘訳，地湧社．

高橋弘子編：シュタイナー幼稚園のうた．R. シュタイナー研究所発行，フレーベル館．

ハインツ・シンメル：オイリュトミーの世界――幼児オイリュトミー．高橋弘子訳，水声社．

国際ヴァルドルフ学校連盟編：自由への教育――シュタイナー教育の理論と実践，高橋巖・弘子訳，R. シュタイナー研究所発行，フレーベル館．

子安美知子：ミュンヘンの小学生．中公新書．

高橋巖：シュタイナー教育入門．角川選書．

K. ニューシュツ：ウォルドルフ人形の本．佐々木奈々子訳，文化出版局．

高橋弘子：日本のシュタイナー幼稚園．水声社．

広瀬俊優：ウィーンの自由な教育――シュタイナー学校と幼稚園．勁草書房．

松井るり子：七才までは夢の中．学陽書房．

トーマス・ヴァイス：魂の保護を求める子どもたち．高橋明男訳，水声社．

W. クラウル：水と遊ぶ 空気と遊ぶ――シュタイナー学校の自然遊びシリーズ I．高橋弘子訳，地湧社．

W. クラウル：大地と遊ぶ 火と遊ぶ——シユタイナー学校の自然遊びシリーズⅡ．高橋弘子訳，地湧社.
L.F.C. メース：シュタイナー医学原論．佐藤公俊訳，平凡社.
大住祐子：シユタイナーに〈看護〉を学ぶ——世界観とその実践．春秋社.
L. ボールドウィン：赤ちゃんからのシュタイナー教育．合原弘子訳，学陽書房.

小冊子シリーズ『子ども時代の権利』第1号～第9号
　第1号「脅かされる子ども時代」 第2号「子どもの発達と性教育」
　第3号「テレビと〈ことば〉の発途」 第4号「託児・保育の環境」
　第5号「メルヘンの意味」 第6号「麻薬と依存症」
　第7号「子どもとコンピューター」 第8号「行動障害か，個性ある行動か？」
　第9号「幼児期に必要なこと」
国際ヴァルドルフ（シュタイナー）幼稚園連盟発行，日本語版発行 NOA 企画 / 高橋明男訳.

材料の購入先

●羊毛

アナンダ（山梨県北杜市長坂町白井沢 2995　Tel. 0551-32-4215）
https://www.ananda.jp/

●ヴァルドルフ人形材料

一般社団法人スウェーデンひつじの詩舎（うた）
（神奈川県横浜市戸塚区鳥が丘 15-2　Tel. 045-881-6900　Fax. 045-881-6665）
http://www.s-hitsuji.co.jp/

●布

田中直染料店（京都市下京区松原通烏丸西入玉津島町 312　Tel. 075-351-0667）
https://www.tanaka-nao.co.jp/

●絹

フジカケ（東京都荒川区東日暮里 5-51-12　日暮里安永ビル 2 階　Tel. 03-5615-0137）
https://fujikake21.co.jp/
アムリタ商店（東京都三鷹市上連雀 3-11-5　Tel. 0422-42-2532）
http://amsilk.shop-pro.jp/

メモ

《著者紹介》

フライヤ・ヤフケ（Freya Jaffke）

1937 年ドイツ生まれ。ロイトリンゲンのシュタイナー幼稚園で保育に30年間たずさわる。71 年より、シュトゥットガルトのシュタイナー幼稚園教員養成所の講師も兼任。90 年より、世界中のシュタイナー教育教員養成ゼミナールでゲスト講師としての指導に専従。主な著書に『シュタイナー幼稚園の遊びと手仕事』（地湧社）など。

《訳者紹介》

高橋弘子（たかはし ひろこ）

東京生まれ。慶應義塾大学文学部卒業。ミュンヘン大学、シュトゥットガルト・キリスト者共同体プリースター・ゼミナールに学ぶ。1971 年、ルドルフ・シュタイナー研究所を設立。1977 年より、那須みふじ幼稚園にて幼児教育に従事。2007 年まで同園園長。監訳書に『シュタイナー幼稚園の遊びと手仕事』、主な訳書に『水と遊ぶ 空気と遊ぶ』『大地と遊ぶ 火と遊ぶ』（以上、地湧社）、『七歳までの人間教育』、著書に『日本のシュタイナー幼稚園』（以上、水声社）など。

親子で楽しむ手づくりおもちゃ
シュタイナー幼稚園の教材集より　〈新装版〉

1989年1月15日　初版発行
2020年10月1日　新装版・初版発行

著　者　フライヤ・ヤフケ
訳　者　高　橋　弘　子
発行者　植　松　明　子
発行所　株式会社　地　湧　社
東京都台東区谷中７丁目 5-16-11（〒110-0001）
電話番号・03-5842-1262　ファクス番号・03-5842-1263
印　刷　壮光舎印刷
製　本　カナメブックス

万一乱丁または落丁の場合は、お手数ですが小社までお送りください。
送料小社負担にて、お取り替えいたします。
ISBN978-4-88503-257-8　C0037

いのちのために、いのちをかけよ

吉村正著／四六判上製

78歳の産科医が語る自然の哲学。50年間自然出産を見続けてきた著者が、現代の医学や経済の問題点を根本から指摘し、感性的認識を取り戻して自然に生きることの大切さをユーモアまじりに説く。

メクルメクいのちの秘密 ピカピカの赤ちゃんが教えてくれた

岡野眞規代著／四六判上製

助産婦として約40年間、お産の現場にいたからこそ見えてきた「自然に生きる」ことの大切さ。お産は内なる自然性を解き放ち、自分をリセットし生き直しさせてくれる最大のチャンスと語る。

母乳哺育のすすめ〈新装改訂版〉

小林美智子著／四六判並製

母乳哺育は育児の出発点。自ら5人の子どもを母乳で育てた小児科医師が、母乳哺育の大切さや初乳から断乳にいたるまでの誰にでも可能な実践法について、桶谷式乳房治療手技を紹介しながら語る。

心とからだにきく 和みの手当て

ガンダーリ松本／四六判並製

ストレスに囲まれている現代人。和みの手当てはからだと心の両方に同時に働きかけることで緊張がほぐれ安心を得る。怒りを落ち着かせる応急手当てなど、すぐに使える手当てが満載。

ひろがれひろがれエコ・ナプキン

角張光子著／ A5判並製

使い捨て生理用ナプキンで悩んでいる女性は多い。無漂白ネル生地で作る「エコ・ナプキン」を開発し、普及活動をする著者が、ナプキンの作り方や使い方をイラストつきでわかりやすく解説する。